Lassy Mbouity

Histoire de la République du Mali

~ 2 ~

Lassy Mbouity, né le 15 octobre 1988 à Brazzaville, est un écrivain et homme politique congolais. Il est actuellement un organisateur de communauté en Afrique, en Europe et aux États-Unis.

Du même auteur

Histoire de la République du Congo

Histoire de la République démocratique du Congo

Histoire de la République centrafricaine

Histoire de la République gabonaise

Histoire de la République de Côte d'Ivoire

Histoire de la République de Guinée

Autonomisation politique de la jeunesse africaine

La lutte contre la corruption et les conflits d'intérêts

Révolution de l'éducation africaine

L'Afrique après l'Asie

~ 4 ~

Table des Matières

Introduction

L'Empire du Ghana

Fondation du royaume

Gouvernement et politique

Économie
Démographie

Culture et société

Déclin

Conséquences et occupation de Sosso

Liste des rois du Ghana

Les Soninkés

Origine du peuple Soninké

Guidimaka

Démographie et distribution

Religion

Société et culture

Stratification sociale

Mariage

Circoncision

Mutilation génitale féminine

Aliments

Économie

Koumbi Saleh

L'Empire du Mali

Référence Pré-impérial

Bataille de Kirina

Prélude
Pendant la bataille

Conséquences
Religion
Après la victoire

Décès de Soundiata Keita

La charte du Mandé, Manden ou Kouroukan Fouga

Organisation sociale

Gbara

Fonction
Réforme sociale, économique et gouvernementale
Les Douze portes du Mali

Administration

Territoire

Économie

Histoire militaire de l'Empire du Mali

L'architecture impériale

Dynastie Keita

Liste des chefs Keita

Liste des chefs post-impériales

Le peuple Mandingue

Origines

Esclavage

Économie

Religion

Société et culture

Stratification sociale

Rites de passage ou Kankourang

Mutilation génitale féminine

Mariage

Musique

La Kora

Grande mosquée de Djenné

La mosquée de Sékou Amadou

Importance culturelle

Sankoré Madrasah ou Université de Sankoré

Empire Songhaï

Songhaï pré-impérial

Dynasties pré-impériales

Royaume pré-impérial

Sonni Ali

Culture

Économie

Justice

Gouvernement

Déclin

Le peuple Songhaï

Origines

Société et culture

Stratification sociale

Moyens de subsistance

Dynastie Za

Les souverains de la dynastie Za

L'Empire de Gao

Origines

Histoire islamique de Gao

Déclin de l'Empire de Gao

Bataille de Tondibi

Contexte

L'expédition du Soudan

L'armée Songhaï

Conséquences

Histoire de Tombouctou

Préhistoire

Origines de Tombouctou

Le Règne des Touaregs et l'Empire Songhaï

Conquête marocaine

Tombouctou et explorateurs européens

Tombouctou pendant la période coloniale française

Tombouctou pendant la Seconde Guerre mondiale

Indépendance de Tombouctou

Tombouctou aujourd'hui

Géographie de Tombouctou

Climat de Tombouctou

Économie de Tombouctou

Agriculture

Tourisme

Événements culturels

Site du patrimoine mondial

Centre d'apprentissage islamique

Gao

Climat de Gao

Origines de Gao

Culture

Sites du patrimoine mondial de l'UNESCO

Djenné

Géographie

Origines de Djenné

Architecture

La Grande mosquée de Djenné

Statut du patrimoine mondial

Économie

Démographie

Royaume Bambara de Ségou

La dynastie Coulibaly

Les Ngolosi

Économie et structure

Jihad et chute

Le peuple Bambara

Origines

Religion

Structure sociale

Culture Bambara

Royaume Bambara du Kaarta

Origines

Royaume du Kénédougou

Dynastie Traoré

Résistance de Kénédougou

Conquête française

Empire du Macina

Origines

Déclin

Empire Peul ou Toucouleur

Oumar Tall

Les voyages d'Oumar Tall

Le djihad

La théocratie

L'épopée d'El Hadj Oumar Tall

Empire Ouassoulou, Wassoulou ou empire Mandingue

Organisation de l'armée

Expansion

Les guerres mandingues

Afrique occidentale française (AOF)

Origines de l'AOF

Changements territoriaux

Structure fédérale

L'administration coloniale de l'AEF

Gouverneurs généraux

Grand Conseil de l'Afrique occidentale française

Administration locale

Cercles

Chefs

Géographie

Territoires

Soudan français

Origines

Administration et juridiction

Politique religieuse

Politique de l'esclavage

Fédération du Mali

Contexte

Formation

Tension politique et dissolution

Indépendance du Mali

Comité militaire pour la libération nationale (CMLN)

Transition vers la démocratie multipartite

Coup d'État de 2012 au Mali

Chronologie

Réactions internationales

Guerre du Mali

Contexte

Conséquences de la guerre civile libyenne

Forces en présence lors du conflit

Les djihadistes

Forces armées maliennes

Forces internationales

Déroulement du conflit

Prise de Kidal, Gao et Tombouctou par les rebelles et les djihadistes

Conflit entre les djihadistes et le MNLA

Offensive des djihadistes au sud du Mali et intervention militaire internationale

Les accords de Ouagadougou et le déploiement de la MINUSMA

Fin de l'opération Serval et début de l'opération Barkhane

Renouvellement du mandat de la MINUSMA

Bilan humain

~ 18 ~

Introduction

Le Mali, officiellement République du Mali, est un pays d'Afrique de l'Ouest et ses voisins limitrophes sont la Mauritanie et l'Algérie au nord, le Niger à l'est, le Burkina Faso et la Côte d'Ivoire au sud, la Guinée au sud-ouest et le Sénégal à l'ouest.

Le Mali est le huitième plus grand pays d'Afrique, avec une superficie d'un peu plus de 1 240 000 kilomètres carrés et une population de 15 millions d'habitants en octobre 2016.

La capitale du Mali est Bamako.

Le Mali se compose de huit régions et ses frontières au nord atteignent le milieu du désert du Sahara, alors que la partie sud du pays, où vivent la majorité des habitants, comprend les fleuves Niger et Sénégal.

L'économie du pays se concentre sur l'agriculture et la pêche. Parmi les principales ressources naturelles du Mali figurent l'or (troisième producteur d'or du continent africain) et le sel.

Environ la moitié de la population vit en dessous du seuil de pauvreté.

La majorité de la population (90%) est musulmane.

Le Mali faisait partie de trois empires d'Afrique de l'Ouest qui contrôlaient le commerce trans-saharien: l'empire du Ghana, l'empire du Mali (pour lequel le Mali est nommé) et l'empire Songhaï.

À son apogée en 1300, l'Empire du Mali couvrait une superficie d'environ deux fois la taille de la France moderne et s'étendait sur la côte ouest de l'Afrique.

Ces royaumes sahéliens n'avaient ni frontières géopolitiques, ni identités ethniques. Le premier de ces empires était l'empire du Ghana, qui était dominé par le peuple Soninké.

L'empire s'est développé dans toute l'Afrique de l'Ouest du 8ème siècle jusqu'à 1078, quand il a été conquis par les Almoravides.

Sous l'Empire du Mali, les villes anciennes de Djenné et de Tombouctou étaient des centres de commerce et d'apprentissage islamique.

L'empire a ensuite décliné à la suite de l'intrigue interne, en fin de compte supplantée par l'Empire Songhaï.

Le peuple Songhaï est né dans le nord-ouest actuel du Nigeria. Le Songhaï était depuis longtemps une puissance majeure d'Afrique de l'Ouest soumise à l'Empire du Mali.

À la fin du 14ème siècle, le Songhaï a progressivement gagné son indépendance de l'Empire du Mali et élargi sa puissance sur toute la partie orientale de l'Empire du Mali.

L'effondrement du Songhaï fut en grande partie le résultat d'une invasion marocaine en 1591.

La chute de l'Empire Songhaï a marqué la fin du rôle de la région comme principal carrefour commercial.

Après l'établissement des routes maritimes par les puissances européennes, les routes commerciales trans-sahariennes ont perdu de leur importance.

L'une des pires famines dans l'histoire de la région a eu lieu au 18ème siècle.

Les pires crises se sont produites dans les années 1680, lorsque la famine s'est étendue de la côte sénégalaise au Nil supérieur et beaucoup se sont vendus pour esclaves juste pour se nourrir.

La plus grande crise de subsistance enregistrée, due à la sécheresse et aux criquets, aurait tué la moitié de la population de Tombouctou.

Le Mali est tombé sous le contrôle de la France pendant la fin du 19ème siècle.

En 1905, la majeure partie du Mali était sous contrôle français comme une partie du Soudan français.

Au début de 1959, le Soudan français (qui a changé son nom en République soudanaise) et le Sénégal se sont unis pour devenir la Fédération du Mali.

La Fédération du Mali a obtenu son indépendance de la France le 20 juin 1960.

Le Sénégal s'est retiré de la fédération en août 1960, ce qui a permis à la République soudanaise de devenir la République indépendante du Mali le 22 septembre 1960.

Modibo Keïta a été élu premier président.

Keïta a rapidement établi un État à parti unique, adopté une orientation socialiste en formant des liens étroits avec l'Est et mis en œuvre une nationalisation extensive des ressources économiques.

En 1960, la population du Mali était d'environ 4,1 millions d'habitants.

Le 19 novembre 1968, à la suite d'un déclin économique progressif, le régime de Keïta a été renversé par un coup d'Etat militaire sans effusion de sang mené par Moussa Traoré, jour commémoré aujourd'hui comme jour de la libération.

Le régime militaire subséquent, avec Traoré en tant que président, a tenté de réformer l'économie.

Ses efforts ont été frustrés par la tourmente politique et une sécheresse dévastatrice entre 1968 et 1974, dans laquelle la famine a tué des milliers de personnes.

Le régime de Traoré a fait face à des troubles à la fin des années 1970 et à trois tentatives de coup d'Etat.

Le régime Traoré a réprimé tous les dissidents jusqu'à la fin des années 1980.

Le gouvernement a tenté des réformes économiques mais la population est devenue de plus en plus insatisfaite.

En réponse aux demandes croissantes de démocratie multipartite, le régime Traoré a permis une libéralisation politique limitée. Il a refusé d'introduire un système démocratique à part entière.

En 1990, des mouvements d'opposition cohésifs commencent à émerger et se compliquent par la montée en flèche de la violence ethnique dans le nord après le retour de nombreux Touaregs au Mali.

Les manifestations anti-gouvernementales en 1991 ont mené à un coup d'État, à un gouvernement de transition et à une nouvelle constitution.

L'opposition au régime corrompu et dictatorial du général Moussa Traoré s'est développée au cours des années 1980.

Pendant ce temps, des programmes stricts, imposés pour satisfaire les demandes du Fonds monétaire international, ont accru les souffrances de la population du pays, alors que les élites proches du gouvernement vivaient soi-disant dans une richesse croissante.

Les manifestations pacifiques des étudiants en janvier 1991 ont été brutalement supprimées, avec des arrestations en masse et la torture de dirigeants et de participants.

Des actes dispersés d'émeutes et de vandalisme des édifices publics ont suivi, mais la plupart des actions des dissidents ont demeurées non-violentes.

Du 22 mars au 26 mars 1991, des rassemblements démocratiques de masse et une grève nationale ont eu lieu dans les communautés urbaines et rurales, connues sous le nom de Révolution de mars.

À Bamako, en réponse à des manifestations de masse organisées par des étudiants universitaires et plus tard rejoints par des syndicalistes et autres, les soldats ont ouvert le feu sans discrimination sur les manifestants non violents.

Des émeutes éclatèrent brièvement après les fusillades. Des barricades ainsi que des barrages routiers ont été érigés mais Traoré a déclaré l'état d'urgence et imposé un couvre-feu nocturne.

Malgré un bilan provisoire de 300 morts, les manifestants non violents ont continué à exiger la démission du président et la mise en œuvre des politiques démocratiques.

Le 26 mars 1991 est le jour qui marque l'affrontement entre les militaires et les manifestants étudiants qui s'est terminé par la mort d'une dizaine de personnes sous les ordres du président Moussa Traoré. Plus tard, lui et trois associés seront jugés et condamnés pour leur role.

Aujourd'hui, cette date est représentée comme une fête nationale malienne pour se souvenir des événements tragiques et des personnes qui ont été tuées.

Le 26 mars, le refus croissant des soldats de tirer sur la foule protestante s'est transformé en un mouvement populaire à grande échelle et des milliers de soldats ont déposé leurs armes pour rejoindre le mouvement pro-démocratie.

Cet après-midi, le lieutenant-colonel Amadou Toumani Touré a annoncé à la radio qu'il avait arrêté le président Moussa Traoré.

En conséquence, les partis d'opposition ont été légalisés et un congrès national de groupes civils et politiques s'est réuni pour rédiger une nouvelle constitution démocratique qui devait être approuvée par un référendum national.

En 1992, Alpha Oumar Konaré a remporté la première élection présidentielle démocratique et multipartite du Mali, avant d'être réélu pour un second mandat en 1997.

En 2002, Amadou Toumani Touré, le général à la retraite qui avait été le chef militaire du soulèvement démocratique de 1991, a été élu Président.

Durant cette période démocratique, le Mali était considéré comme l'un des pays africains les plus stables politiquement et socialement.

L'esclavage persiste au Mali aujourd'hui avec pas

moins de 200.000 personnes détenues en servitude directe par un maître.

En janvier 2012, une rébellion touarègue commence dans le nord du Mali, sous la direction du Mouvement national pour la libération d'Azawad.

En mars, le capitaine Amadou Sanogo s'empare du pouvoir lors d'un coup d'État, citant les échecs de Touré à apaiser la rébellion et menant à des sanctions et à un embargo de la part de la Communauté économique des États de l'Afrique de l'Ouest (CEDEAO).

Le MNLA prend ensuite rapidement le contrôle du nord, déclarant l'indépendance de l'Azawad.

Cependant, des groupes islamistes comme Ansar Dine et Al-Qaïda au Maghreb Islamique (AQMI), qui avaient aidé le MNLA à vaincre le gouvernement, vont prendre le contrôle du Nord dans le but de mettre en œuvre la charia au Mali.

Mais le 11 janvier 2013, les forces armées

françaises sont intervenues à la demande du gouvernement intérimaire.

Le 30 janvier, l'avance coordonnée des troupes françaises et maliennes prétendait avoir repris le dernier bastion islamiste de Kidal.

Le 2 février, le président français, François Hollande, rejoint le président intérimaire du Mali, Dioncounda Traoré, lors d'une apparition publique dans Tombouctou récemment recapturé.

Le Mali est le 24ème plus grand pays du monde et sa plus grande partie se trouve dans le désert du Sahara méridional, qui produit une zone de savane soudanienne extrêmement chaude et chargée de poussière.

Le Mali est la plupart du temps plat, notamment les plaines nordiques roulantes couvertes de sable. Le massif de l'Adrar des Ifoghas se trouve au nord-est. Le Mali se trouve dans la zone torride et est parmi les pays les plus chauds du monde.

L'équateur thermique, qui correspond aux points les plus chauds de la planète traverse le pays.

La majeure partie du Mali reçoit des précipitations négligeables et les sécheresses sont très fréquentes.

De fin juin à début décembre, c'est la saison des pluies dans la zone la plus méridionale.

Durant cette période, les inondations du fleuve Niger sont communes, créant le delta intérieur du Niger.

La région du désert, au nord du Mali, a un climat chaud et désertique avec une saison sèche longue et extrêmement chaude et des pluies rares qui diminuent vers le nord.

La petite bande du sud possède un climat humide et tropical avec des températures très élevées pendant toute l'année avec une saison sèche et une saison des pluies.

Le Mali dispose de ressources naturelles considérables : l'or, l'uranium, les phosphates, le sel et le calcaire étant les plus exploités.

Le Mali dispose aussi de plus de 17 400 tonnes d'uranium. En 2012, une autre zone minéralisée d'uranium a été identifiée.

Le Mali est confronté à de nombreux défis environnementaux, notamment la désertification, la déforestation, l'érosion des sols et le manque d'eau potable.

Le Mali est divisé en huit régions et chaque région a un gouverneur. Comme les régions du Mali sont très vastes, le pays est subdivisé en 49 cercles et 703 communes.

En mars 2012, le gouvernement malien perd le contrôle des régions de Tombouctou, Gao et Kidal et de la partie nord-est de la région de Mopti.

Le 6 avril 2012, le Mouvement national pour la libération de l'Azawad (MNLA) déclare unilatéralement sa sécession du Mali.

Le gouvernement a éventuellement repris le contrôle de ces zones.

Jusqu'au coup d'état militaire du 22 mars 2012 et le Mali a été une démocratie constitutionnelle régie par la Constitution du 12 janvier 1992, modifiée en 1999.

La Constitution prévoit une séparation des pouvoirs entre les pouvoirs exécutif, législatif et judiciaire.

Le système de gouvernement peut être qualifié de semi-présidentiel. Le pouvoir exécutif est confié à un président, élu pour cinq ans au suffrage universel et limité à deux mandats.

Le président est chef de l'État et commandant en chef des forces armées.

Un premier ministre nommé par le président sert de chef de gouvernement et à son tour nomme le Conseil des ministres.

L'Assemblée nationale unicamérale est le seul organe législatif du Mali, composé de députés élus pour cinq ans.

L'assemblée tient deux sessions ordinaires chaque année, au cours desquelles elle débat et vote sur la législation qui a été soumise par un membre ou par le gouvernement.

La constitution du Mali prévoit un pouvoir judiciaire indépendant, mais l'exécutif continue d'exercer une influence sur le pouvoir judiciaire en vertu du pouvoir de nommer des juges et de superviser les fonctions judiciaires et l'application de la loi.

Les plus hautes instances du Mali sont la Cour suprême, dotée à la fois de pouvoirs judiciaires et administratifs et la Cour constitutionnelle chargée d'examiner les actes législatifs et d'arbitrer les élections.

Plusieurs différents tribunaux inférieurs existent, bien que les chefs de village et les anciens règlent la plupart des conflits locaux dans les zones rurales.

L'orientation de la politique étrangère du Mali est devenue de plus en plus pragmatique et pro-occidentale au fil du temps.

Depuis l'institution d'une forme de gouvernement démocratique en 2002, les relations du Mali avec l'Occident en général et avec les États-Unis en particulier se sont considérablement améliorées.

Le Mali entretient depuis longtemps des bonnes relations avec la France, l'ancienne puissance coloniale.

Le Mali a été actif dans des organisations régionales telles que l'Union africaine (UA) jusqu'à sa suspension après le coup d'état de 2012.

Contrôler et résoudre les conflits régionaux était l'un des principaux objectifs de la politique étrangère du Mali, comme en Côte d'Ivoire, au Liberia et en Sierra Leone.

Le Mali se sent menacé par le potentiel de propagation des conflits dans les pays voisins.

L'insécurité générale le long des frontières du nord, y compris le banditisme transfrontalier et le terrorisme, demeurent des problèmes préoccupants dans les relations régionales.

Les forces militaires du Mali se composent d'une armée, qui comprend les forces terrestres et aériennes, ainsi que la Gendarmerie paramilitaire et la Garde républicaine, qui sont toutes sous le contrôle du Ministère malien de la Défense et des Anciens combattants.

La Banque centrale des États de l'Afrique de l'Ouest (BCEAO) s'occupe des affaires financières du Mali et des membres de la Communauté économique des États d'Afrique de l'Ouest (CEDEAO).

Le Mali est l'un des pays les plus pauvres du monde. Le salaire annuel moyen d'un travailleur est d'environ 1 500 dollars américains.

Le Mali a subi des réformes économiques à partir de 1988 en signant des accords avec la Banque mondiale (BM) et le Fonds monétaire international (FMI). De 1988 à 1996, le gouvernement malien a réformé en grande partie les entreprises publiques.

Depuis l'accord, seize entreprises ont été privatisées, 12 partiellement privatisées et 20 liquidées.

En 2005, le gouvernement malien a privatisé la compagnie du chemin de fer.

Deux grandes entreprises, la Société de télécommunications du Mali (SOTELMA) et la Société de réduction du coton (CMDT), ont été privatisées en 2008.

Entre 1992 et 1995, le Mali a mis en œuvre un programme d'ajustement économique qui a entraîné une croissance économique et une réduction des déséquilibres financiers.

Le programme a accru les conditions sociales et économiques et a conduit le Mali à adhérer l'Organisation mondiale du commerce (OMS) le 31 mai 1995.

Le Mali est également membre de l'Organisation pour l'harmonisation du droit des affaires en Afrique (OHADA).

Le produit intérieur brut (PIB) du Mali a augmenté depuis.

En 2002, le PIB s'est élevé à 3,4 milliards de dollars et a augmenté à 5,8 milliards de dollars en 2005, ce qui représentait un taux de croissance annuel d'environ 17,6%.

Le Mali fait partie de la Zone Franc, ce qui signifie qu'il utilise le franc CFA. Le Mali est lié au gouvernement français par un accord depuis 1962 sur la création de la BCEAO.

Aujourd'hui, les sept pays de la BCEAO (y compris le Mali) sont reliés à la Banque centrale française.

Le secteur clé du Mali est l'agriculture. Le coton représente la plus grande partie des exportations.

En 2002, 620 000 tonnes de coton ont été produites au Mali, mais les prix du coton ont fortement diminué depuis 2003.

Outre le coton, le Mali produit le riz, le mil, le maïs, les légumes et le tabac.

L'or, le bétail et l'agriculture représentent 80% des exportations du Mali.

80% des maliens travaillent dans l'agriculture et 15% sont employés dans le secteur des services.

Les variations saisonnières entraînent un chômage temporaire des travailleurs agricoles.

En 1991, le Mali a assoupli l'application des codes miniers ; ce qui a entraîné un regain d'intérêt et des investissements étrangers dans l'industrie minière.

L'or est extrait dans la région sud et le Mali est l'un des plus grands producteurs d'or en Afrique, après l'Afrique du Sud et le Ghana.

L'émergence de l'or comme principal produit d'exportation du Mali depuis 1999 a contribué à atténuer certains des effets négatifs de la crise du coton.

L'électricité et l'eau sont entretenues par l'Energie du Mali (EDM) et les textiles sont produits par l'Industrie Textile du Mali (ITEMA).

Le Mali utilise l'hydroélectricité qui représente plus de la moitié de l'électricité du Mali.

Energie du Mali est une société d'électricité qui fournit de l'électricité aux citoyens maliens.

Seulement 55% de la population dans les villes ont accès à EDM.

Au Mali, il existe un chemin de fer qui relie les pays limitrophes. Il ya aussi environ 29 aéroports dont 8 ont des pistes pavées.

Les zones urbaines sont connues pour leur grande quantité de taxis verts et blancs. Une grande partie de la population dépend du transport en commun.

En juillet 2009, la population du Mali était estimée à 14,5 millions. La population est essentiellement rurale (68% en 2002) et 5 à 10% des maliens sont nomades.

Plus de 90% de la population vit dans la partie sud du pays, en particulier à Bamako, qui compte plus de 1 million d'habitants.

En 2007, environ 48% des maliens étaient âgés de moins de 12 ans, 49% avaient entre 15 et 64 ans et 3% avaient 65 ans et plus.

Le taux de natalité en 2014 est de 45,53 naissances pour 1 000 et le taux de fécondité total en 2012 était de 6,4 enfants par femme.

Le taux de mortalité en 2007 était de 16,5 décès pour 1 000.

L'espérance de vie à la naissance était de 53,06 ans (51,43 pour les hommes et 54,73 pour les femmes).

Le Mali possède l'un des taux de mortalité infantile les plus élevés au monde, avec 106 décès pour 1 000 naissances vivantes en 2007.

La population du Mali comprend un certain nombre de groupes ethniques subsahariens.

Les Bambaras sont de loin le plus grand groupe ethnique, représentant 36,5% de la population.

Collectivement, les Bambaras, les Soninkés, les Khassonkés et les Malinkés sont tous membres du groupe Mandé, constituant 50% de la population malienne.

Les autres groupes importants sont les Peuls (17%), Voltaïque (12%), Songhaï (6%) et Touareg (10%).

Dans l'extrême nord, il y a une division entre les populations nomades touarègues berbères et le peuple de Bella ou Tamasheq à la peau plus foncée, en raison de la propagation historique de l'esclavage dans la région.

On estime que 800 000 personnes au Mali sont descendants d'esclaves. L'esclavage au Mali a persisté pendant des siècles.

La population arabe a maintenu les esclaves jusqu'à son abolition par les autorités françaises dans le milieu du 20ème siècle.

Il existe encore certaines relations de servitude héréditaires, et selon certaines estimations, environ 200 000 maliens sont asservis.

Bien que le Mali ait connu des bonnes relations interethniques raisonnablement fondées sur la longue histoire de la coexistence, il existe une certaine servitude et une relation de servitude héréditaires, ainsi que des tensions ethniques entre les Songhaïs et les Touaregs nomades du Nord.

En raison d'une réaction violente contre la population du nord après l'indépendance, le Mali se trouve maintenant dans une situation où les deux groupes se plaignent de discrimination.

Cela joue également un rôle dans la poursuite du conflit au nord où règne une tension entre les Touaregs et le gouvernement malien.

La langue officielle du Mali est le français et plus de 40 langues locales sont également parlées par les différents groupes ethniques.

Environ 80% de la population du Mali peut communiquer en Bambara, ce qui constitue une importante lingua franca.

Le Mali compte 12 langues nationales à côté du français et du Bambara. Chacun est parlé comme une première langue, principalement par le groupe ethnique auquel il est associé.

L'Islam a été introduit en Afrique de l'Ouest au 11ème siècle et demeure la religion prédominante dans une grande partie de la région.

On estime que 90% des Maliens sont musulmans (la plupart sunnites), environ 5% sont chrétiens (environ deux tiers de catholiques et un tiers de protestants) et les 5% restants adhèrent aux croyances animistes autochtones ou traditionnelles.

On croit que l'athéisme et l'agnosticisme sont rares parmi les maliens, dont la plupart pratiquent leur religion quotidiennement.

La Constitution établit un État laïc et prévoit la liberté de religion, et le gouvernement respecte largement ce droit.

L'islam traditionnellement pratiqué au Mali a été modéré, tolérant et adapté aux conditions locales.

Les relations entre musulmans et pratiquants de confessions religieuses minoritaires ont généralement été amicales.

L'enseignement public au Mali est en principe dispensé gratuitement et est obligatoire pour les enfants de 7 à 16 ans.

Le système englobe six années d'enseignement primaire à partir de 7 ans, suivies de six années d'enseignement secondaire.

Le taux effectif de scolarisation dans le primaire est faible au Mali, en grande partie parce que les familles pauvres ne peuvent pas couvrir le coût des uniformes, des livres, des fournitures et autres frais exigés.

Au cours de l'année scolaire 2000-2001, le taux de scolarisation dans l'enseignement primaire était de 61% (71% des hommes et 51% des femmes).

À la fin des années 1990, le taux de scolarisation dans le secondaire était de 15% (20% des hommes et 10% des femmes).

Le système éducatif est affligé par le manque d'écoles dans les zones rurales, ainsi que par la pénurie d'enseignants et de matériels.

Les estimations des taux d'alphabétisation au Mali vont de 30% à 46,4%, les taux d'alphabétisme étant significativement plus bas chez les femmes que chez les hommes.

L'Université de Bamako, qui comprend quatre facultés constituantes, est la plus grande université du pays et inscrit environ 60 000 étudiants de premier cycle et deuxième cycle.

Le Mali est confronté à de nombreux problèmes de santé liés à la pauvreté, à la malnutrition et à une hygiène et un assainissement inadéquats.

Les indicateurs de santé et de développement du Mali sont parmi les plus faibles du monde.

En 2000, on estimait que 62 à 65% de la population avait accès à l'eau potable et seulement 69% à des services d'assainissement.

En 2015, des efforts ont été faits pour améliorer la nutrition et réduire les problèmes de santé.

L'objectif est de stimuler la nutrition et les moyens de subsistance en produisant localement des produits que les maliens pourront vendre et qui seront accepté par la communauté régionale.

Les installations médicales au Mali sont très limitées et les médicaments sont insuffisants.

Le paludisme et d'autres maladies transmises par les arthropodes sont fréquents au Mali, tout comme un certain nombre de maladies infectieuses comme le choléra et la tuberculose.

La population malienne souffre également d'un taux élevé de malnutrition infantile et d'un faible taux de vaccination.

En 2016, on estime qu'environ 2% de la population souffre du VIH / sida, parmi les taux les plus bas d'Afrique subsaharienne.

On estime aussi que 85 à 90% des filles et des femmes ont subi des mutilations génitales féminines.

La diversité de la culture quotidienne des maliens reflète la diversité ethnique et géographique du pays.

La plupart des maliens portent des robes fluides et colorées appelées boubou.

Les Maliens organisent fréquemment des fêtes, des lanses et des cérémonies traditionnelles.

Les traditions musicales maliennes sont dérivées des griots, connus sous le nom de Gardiens des souvenirs.

La musique malienne est diverse et a plusieurs genres différents.

Certains musiciens maliens célèbres sont Ali Farka Touré, Salif Keita, Oumou Sangare,

Toumani Diabaté, le groupe de Touareg Tinariwen, le duo Amadou et Mariam et Rokia Traoré.

La danse joue également un rôle important dans la culture malienne. Les soirées de danse sont des évènements courants et les danses de masques traditionnelles sont effectuées lors d'événements cérémoniels.

Bien que la littérature du Mali soit moins célèbre que sa musique, le Mali a toujours été l'un des centres intellectuels les plus vivants d'Afrique.

La tradition littéraire du Mali est principalement transmise par le bouche-à-oreille en récitant ou chantant des histoires connues par cœur.

Amadou Hampâté Bâ, l'historien le plus connu du Mali, a passé une grande partie de sa vie à écrire ces traditions orales.

Parmi les écrivains maliens les plus connus figurent Baba Traoré, Modibo Sounkalo Keita, Massa Makan Diabaté, Moussa Konaté et Fily Dabo Sissoko.

Le sport le plus populaire au Mali est le football, qui est devenu plus important après que le Mali ait accueilli la Coupe d'Afrique des Nations en 2002.

La plupart des villes ont des matchs réguliers et les équipes les plus populaires au niveau national sont Djoliba AC, Stade Malien et Real Bamako, tous basés dans la capitale.

Le basket-ball est un autre sport majeur; l'équipe nationale féminine de basket-ball du Mali a participé aux Jeux olympiques de Pékin en 2008.

La lutte traditionnelle est également populaire, même si la popularité a diminué ces dernières années.

Le riz et le mil sont les aliments de base de la cuisine malienne, qui est fortement basée sur les céréales.

Les céréales sont généralement préparées avec des sauces à base de feuilles comme les épinards, avec de la sauce tomate aux arachides et peuvent être accompagnées de morceaux de viande grillée (généralement poulet, mouton, boeuf ou chèvre).

La cuisine malienne varie selon les régions.

Les télécommunications au Mali comprennent 1.000.000 de téléphones mobiles, 700.000 téléviseurs et 500.000 internautes.

~ 52 ~

L'Empire du Ghana

L'Empire du Ghana (300 à 1200) était un ancien royaume Mandingue fondé par le clan Soninké et situé dans ce qui est maintenant le Mali.

Des sociétés complexes basées sur le commerce trans-saharien de l'or existaient dans la région depuis l'antiquité. Mais l'introduction du chameau au Sahara occidental au 3ème siècle a donné lieu à de grands changements dans la région qui est devenue l'Empire du Ghana.

Au moment de la conquête musulmane de l'Afrique du Nord au 7ème siècle, le chameau avait changé les anciennes routes commerciales plus irrégulières en un réseau commercial allant du Maroc au fleuve Niger.

L'empire du Ghana s'est enrichi de cette augmentation du commerce trans-saharien de l'or et du sel, permettant la création de grands centres urbains. Il a en outre encouragé l'expansion territoriale pour prendre le contrôle des différentes routes commerciales.

L'Empire est finalement devenu un vassal à l'empire croissant du Mali au 13ème siècle.

Origines

Les origines du Ghana ont souvent été occultées par les récits ethno-historiques, les interprétations et l'archéologie.

Les traditions ont décrit le royaume comme ayant été fondé par un homme appelé Dinga, qui est venu de l'est.

Afin d'atteindre le pouvoir dans son emplacement final, il a dû tuer un gobelin, puis épouser ses filles, qui sont devenues les ancêtres des clans qui dominaient la région.

À la mort de Dinga, son fils Diabe est devenu le chef du royaume.

La capitale de l'empire était Koumbi Saleh, au bord du désert du Sahara.

En 1067, la capitale était en fait une fusion de deux villes distantes de 10 kilomètres. La majeure partie de la ville s'appelait Ghaba et était la résidence du roi.

Elle était protégée par un mur de pierre et fonctionnait comme la capitale royale et spirituelle de l'Empire.

Elle contenait un bosquet sacré d'arbres utilisé pour les rites religieux Soninké dans lequel les prêtres vivaient.

La ville contenait également le palais du roi, la plus grande structure de la ville, entouré par d'autres édifices en dôme. Il y avait aussi une mosquée pour visiter les officiels musulmans.

L'autre section de la ville était entourée par des champs de puits d'eau douce où les légumes ont été cultivés.

Elle était presque entièrement habitée par les musulmans arabes avec leurs mosquées, dont une était désignée pour les prières du vendredi et avait un groupe de savants, de scribes et de juristes islamiques.

Parce que la majorité de ces musulmans étaient des marchands, cette partie de la ville était le principal quartier des affaires.

Économie

Les marchands devaient payer une taxe d'or sur les importations et les exportations.

Les importations comprenaient probablement des produits tels que le sel, les textiles et d'autres matériaux. Beaucoup des articles en cuir fabriqués au Maroc ont également leur origine dans l'empire.

Le principal centre de commerce était Koumbi Saleh.

L'introduction du chameau a également joué un rôle clé dans le succès du peuple Soninké, permettant de transporter les produits et les marchandises beaucoup plus efficacement à travers le Sahara.

Ces facteurs ont tous aidé l'empire à rester puissant pendant un certain temps, en fournissant une économie riche et stable qui devait durer plusieurs siècles.

L'empire a été également connu pour être le principal centre d'éducation.

Gouvernement

La stabilité socio-politique de l'empire était basée sur les actions apparemment justes et la grandeur du roi.

Le roi était assis en audience avec tous les fonctionnaires dans un pavillon en dôme autour duquel debout dix chevaux couverts de matériaux brodés d'or.

Derrière le roi se tiennent dix pages portant des boucliers et des épées ornés d'or, et à sa droite sont les fils des rois de son pays, portant des vêtements splendides et leurs cheveux tressés d'or.

Le gouverneur de la ville est assis sur le sol devant le roi et autour de lui sont des ministres assis de même.

A la porte du pavillon se trouvent des chiens d'excellente race qui ne quittent presque jamais l'endroit où se trouve le roi, le gardant.

Autour de leur cou ils portent des colliers d'or et d'argent cloutés avec un certain nombre de boules en mêmes métaux.

Le Ghana semble avoir eu un noyau central et a été entouré par les états vassaux.

Sous l'autorité du roi il y avait un certain nombre de petit rois ou prince et le royaume s'étendait sur toute la vallée du Niger.

Ces rois étaient vraisemblablement les dirigeants des unités territoriales souvent appelées kafou en langue mandingue.

Le roi avait des officiers qui entouraient son trône quand il rendait justice et ceux-ci incluaient les fils des petits rois de l'Empire.

En 1068, le Ghana était entouré de royaumes indépendants, dont Sila, l'un d'eux situé sur le fleuve Sénégal.

Les dirigeants du Ghana avaient commencé à intégrer plus de musulmans au gouvernement, y compris le trésorier, l'interprète et la majorité des fonctionnaires.

Déclin

Entre 970 et 1054, le Ghana était a été entouré par des royaumes puissants, tels que Sila.

Le Ghana a été combiné au royaume du Mali en 1240 marquant la fin de l'empire.

Le Ghana est tombé quand il a été saccagé par le mouvement des Almoravides en 1076, bien que les Ghanaians ont résisté à l'attaque pendant une décennie.

Il y avait un conflit entre les Almoravides et l'empire du Ghana.

Conséquences et occupation de Sosso

Suite à la conversion du Ghana, l'autorité des dirigeants du Ghana a diminué et ils ont été surmontés par le Sosso.

Certaines traditions modernes identifient les Soussous comme les habitants du Sosso.

A la fin du 19ème siècle, Diara Kanté a pris le contrôle de Koumbi Saleh et a établi la dynastie Diarisso. Son fils, Soumaoro Kante, lui succéda et força le peuple à lui rendre hommage.

Le Sosso a également réussi à annexer l'état Mandingue voisin de Kangaba au sud, où les champs aurifères importants de Buré ont été localisés.

Origine du Nom Ghana

Le mot Ghana signifie guerriers et était le titre donné aux dirigeants du royaume d'origine soninké.

Kaya Maghan (seigneur de l'or) était un autre titre pour ces rois.

La renommée extraordinaire de l'empire du Ghana a incité Kwame Nkrumah, le chef politique de la Gold Coast, à nommer son pays Ghana quand il a obtenu l'indépendance en 1957.

Liste des Rois du Ghana

Rois de Awkar

Kaya Magan Cissé: ?-350

rois, noms inconnus : 350-750

"Ghanas" du Wagadou

Majan Diabi Cisse ou Dinga Cisse : 750

Ghanas aux noms inconnu : 800-1040

Bassi : 1040-1062

Menin : 1062-1076

Occupation Almoravide

Aboubakar Ibn Omar : 1076-1087

Dynastie des Diarisso :

Kambine Diaresso : 1087-1090

Souleiman : 1090-1100

Bannou Boubou : 1100-1120

Majan Wagadou : 1120-1130

Gane : 1130-1140

Moussa : 1140-1160

Birama : 1160-1180

Occupation Kaniaga

Diara Kante : 1180-1202

Soumaba Cisse, vasal de Soumaoro Kante : 1203-1235

Alliance avec l'empire du Mali

Soumaba Cisse allié à Sundjata Keita : 1235-1240

Les Soninkés

Les Soninkés, également appelés Sarakolé, sont un groupe ethnique ouest-africain. Ils vivent au Sénégal, au nord-ouest du Mali et au sud de la Mauritanie. Ils parlent la langue soninké, également appelée langue maraka. C'est une langue Mandingue.

Principalement musulmans, les Soninkés ont été l'un des premiers groupes ethniques de l'Afrique subsaharienne à se convertir à l'Islam vers le 5ème siècle.

La population contemporaine Soninké est estimée à plus de 2 millions habitants.

Les sous-groupes Soninkés incluent le Maraka et le Ouagara. Lorsque l'empire ghanéen se dispersa, la diaspora qui en résultava amena les Soninkés au Mali, au Sénégal, en Mauritanie, en Gambie, au Burkina Faso et en Guinée-Bissau, où une partie de cette diaspora commerciale s'appelait Ouagara.

Les pratiques culturelles du peuple soninké incluent les rites islamiques, les mariages traditionnels, la circoncision et la stratification sociale.

Origine du peuple Soninké

Les régions que les soninkés ont occupées étaient habitées par des colonies de pierre de Tichit-Oualata et les falaises de Tagant du sud de la Mauritanie.

Une société agro-pastorale importante s'est développée dans cette ère préhistorique.

Selon l'histoire de la tradition orale Soninké, l'ancêtre des Soninkés était Dinga qui venait de l'est. Son fils Diabi Sissé était le fondateur du Royaume de Ouagadou avec sa capitale Koumbi.

Les Soninkés sont les fondateurs de l'ancien Empire du Ghana (à ne pas confondre avec le Ghana moderne), anciennement appelé l'Empire de Ouagadou.

Cet empire a des racines dans le 5ème siècle et a été détruit au 12ème siècle, après les invasions musulmanes de cette région.

Les Soninkés partagent une culture très conservatrice, héritée par l'organisation sociale structurelle de leurs ancêtres fondateurs de l'Empire ghanéen (à ne pas confondre avec le Ghana actuel, qui a adopté son nom).

Cet empire constituait la majeure partie de l'histoire et du mode de vie du Soninké.

Tradition orale sur la chute de l'empire du Ghana

Le premier souverain de cet empire, Dinga Cissé, avait un statut semi-divin.

Il est venu avec son peuple de l'Est, soit le Mali ou peut-être le Sénégal et a créé une coalition contre les tribus voisines.

Après de longues batailles avec les Berbères, Cissé a épousé les trois filles de leur chef et créé une alliance impressionnante.

Après la mort de Cissé, ses deux fils, Kone et Diabi, n'étaient pas d'accord sur qui deviendrait le successeur.

Ils se sont battus et Kone a gagné la bataille. Diabi, humilié, fit un accord avec un serpent noir de sept têtes nommées Bida.

Diabi a promis de sacrifier une vierge au serpent une fois par an en échange de la victoire sur son frère.

Il a rempli sa promesse à Bida jusqu'à sa mort.

La richesse du Ghana est représentée par cette histoire, croire qu'il y avait des pluies d'or en raison du sacrifice annuelle d'une jeune fille vierge au serpent noir.

Une autre clarification à la prospérité de l'empire était ses mines d'or situées à Kumbi Saleh, la capitale impériale.

Cet endroit est devenu un important centre commercial. L'existence de chameaux a facilité le transport de l'or et d'autres produits comme les esclaves, le sel et le cuivre, les textiles, les perles et les produits finis.

Avec l'ampleur du commerce, l'islam a été adopté dans tout l'empire. Cependant, le roi a continué à suivre ses croyances culturelles.

Douze mosquées et des écoles islamiques ont été construites.

La sécheresse a commencé à avoir un effet à long terme sur la terre, ruinant sa capacité à soutenir le bétail et la culture.

De nouveaux champs d'or ont commencé à être exploités, par exemple, à Bure (la Guinée moderne), qui était hors de portée pour le Ghana et de nouvelles routes commerciales s'ouvraient plus à l'est et à travers l'Atlantique.

Le déclin de l'Empire était dû à la rupture du pacte entre l'empire et le serpent noir.

Cela s'est produit après que les nobles ont choisi une autre fille comme sacrifice annuel.

Elle était la plus belle fille vierge de cette année, mais était aussi mariée. Son fiancé, Madi, était le fils de Djamere Soukounou.

Mais Djamere Soukounou et Madi ont promis que Siya ne mourrait pas.

Siya a essayé de convaincre Madi pour sauver l'Empire, mais il a refusé.

Quelques jours avant, Madi demanda à son ami, le forgeron de son village nommé Bomou, d'aiguiser son sabre.

Quand le jour du sacrifice vint, Madi se mit en route, dans la direction du puits de Ouagadou.

Siya Yatabare était bien habillée et sa coiffure était tressée d'or quand elle a vu Maadi tombé en larmes.

Le serpent de Wagadu avait sept têtes. Quand le serpent sortit sa première tête, Madi la coupa.

Il a fait la même chose à tous les autres. Quand le serpent sortit sa dernière tête, la nuit devint claire comme le jour.

Le serpent a ensuite dit que pendant sept ans Ouagadou ne recevra aucune pluie et aucune pièce d'or.

Madi ne se gêne pas et coupa la dernière tête.

Après la mort du serpent, Madi donna à Siya ses chaussures, son sabre, son anneau et son bonnet.

Madi est ensuite retourné à son village et a dit tous les détails à sa mère.

Quand le soleil se lève, les nobles demandent au d'aller vérifier le puits.

Quand ils virent Siya et les têtes du serpent dans le puits, ils demandèrent ce qui s'était passé.

Elle leur donna les chaussures et toutes les choses que Madi lui avait donné.

Les gens savaient que Madi avait tué le serpent.

La terre de Ouagadou est passé de fertile à sec, et il n'y avait plus de pluie.

Les fils de Dingha, les Soninkés, furent obligés de quitter ce lieu devenu inhospitalier.

Guidimaka

L'Empire Soninké se trouve aujourd'hui en Mauritanie, au Sénégal et au Mali.

De la seule fille du roi de l'empire du Ghana, est venu Demba, fils du grand guerrier Mamoudou Diafara. Demba a gouverné le Ghana sous son grand-père.

La cinquième génération, Maka Malle Doua Soumare a fondé le Guidimaka, qui signifie les montagnes de Maka Malle dans la langue Soninké.

Démographie et distribution

La population totale Soninké est de 2 millions habitants. On trouve des soninkés dans toute l'Afrique de l'Ouest et en France, étant donné leur migration lorsque le Sénégal et le Mali faisaient partie de l'empire colonial français.

La plupart des Soninkés se trouvent dans la vallée du Haut Sénégal et le long de la frontière Mali - Sénégal - Mauritanie entre Nara et Nioro.

Les migrations sous le régime colonial français ont conduit de nombreux Soninké à construire des communautés à Dakar, dans d'autres villes d'Afrique et en France.

Les réseaux commerciaux ont propagé le peuple et la culture soninké dans la majeure partie du Mali et du Sénégal, au sud de la Mauritanie, au nord du Burkina Faso, ainsi que dans certaines parties de la Gambie et de la Guinée-Bissau.

Les communautés marchandes et les plantations de Maraka centrées au nord de la ville de Ségou, étaient un ressort économique sous l'empire Bambara et ont construit des routes commerciales dans la région de l'Afrique de l'Ouest.

Religion

Le peuple soninké fesait le lien commercial côtier entre le peuple berbère du Maghreb et les Empires d'Afrique subsaharienne.

La production de l'or leur a apporté des commerçants musulmans arabes.

Les souverains Soninkés de l'empire du Ghana se sont convertis à l'Islam au 11ème siècle.

La conversion a été déclenchée après la conquête de l'Empire du Ghana par les Almoravides en 1076.

Les Soninkés, comme les autres peuples mandingues, adhèrent à l'école maliki de l'Islam sunnite.

Société et culture

Les soninkés sont un peuple mandingue comme leurs voisins. La religion islamique, les occupations, les aliments, les rites de passage, la structure familiale, les mariages et la stratification sociale sont les caracteristiques du peuple soninké.

Stratification sociale

La société soninké, comme toute autre société mandé, a une stratification sociale.

Il existe une catégorie libre appelée Horro ou Horon, une catégorie de système de caste appelée

Namaxala ou Nyaxamalo et une catégorie des esclaves appelés Komo.

La société Soninke devint hautement stratifiée après le 13ème siècle.

Les esclaves formaient les plus grandes couches, parmi les Soninkés et constituaient jusqu'à la moitié de la population.

Les esclaves du peuple soninké étaient hiérarchiquement disposés en trois strates. Les esclaves du village étaient un groupe servile privilégié qui vivait à l'écart du village et recevait les ordres du chef du village.

Les esclaves domestiques vivaient avec une famille et ne pouvaient être vendus.

Le plus bas niveau parmi les esclaves étaient les esclaves commerciaux qui pouvaient être achetés et vendus.

Au-dessus des esclaves se trouvaient les travailleurs du cuir, les griots et les forgerons.

Au fur et à mesure que la pratique de l'esclavage grandissait, le système de castes se développait également.

Mariage

Le mariage dans la société Soninké a suivi les pratiques islamiques et les mariages de cousin sont communs.

Un proverbe traditionnel déclare : les cousins sont faits l'un pour l'autre.

Chaque mois après l'engagement, l'homme paie à la famille de la femme un nakafa pour la nourriture et d'autres dépenses.

Le mariage, appelé foutou, se fait avec un contrat de mariage et est accompagné d'un événement de mariage appelé karikompé.

Le couple nouvellement marié a des conseillers.

Le conseiller de l'homme s'appelle le koussoumanta-yougo et celui de la femme la koussoumanta-yakare.

Après une semaine de célébration, les femmes se rencontrent pour montrer les dons que le couple a reçus de leurs parents, principalement de la mère de la femme.

Les nobles pouvaient épouser une femme esclave.

Circoncision

Les Soninkés pratiquent la circoncision et l'appellent birou. Chaque après-midi, les garçons qui ont été circoncis l'année précédente organisent des manifestations pour les nouveaux garçons afin de les préparer psychologiquement.

Tout au long de la cérémonie de circoncision, les garçons sont autour d'un tambour appelé daïné.

Les autres adolescents du village, les jeunes filles, les femmes, les hommes et les esclaves forment un cercle autour des garçons.

Pendant ce temps, les garçons sont entourés de beaux foulards appelés Disa.

Le rituel de la circoncision met en évidence, l'endurance physique, la douleur et le courage.

Mutilation génitale féminine

Le peuple Soninké a longtemps eu la pratique culturelle de la circoncision féminine.

Parmi les groupes ethniques proches, tels que les wolofs et d'autres, le taux de prévalence de la mutilation génitale féminine est le plus élevé chez les Soninkés.

La pratique est culturellement faite comme un rituel d'acceptation sociale, et parfois supposé être requis pour des raisons religieuses.

Aliments

Les aliments du peuple soninké incluent le mil, le sucre, le lait, le sel, le maïs, le riz et les arachides, les haricots, la viande et le poisson.

Économie

Traditionnellement, les Soninkés s'engagent dans le commerce et l'agriculture.

Pendant la saison des pluies, les hommes et les femmes cultivent la terre. Cependant, les femmes restent généralement à la maison pour cuisiner et s'occuper de leurs enfants.

Beaucoup de premiers immigrants ouest-africains en France sont issus de ce groupe ethnique.

Les Soninkés sont un groupe ethnique influent en Gambie, au Sénégal et au Mali.

Koumbi Saleh

Koumbi Saleh était la capitale de l'Empire du Ghana à partir du 4ème siècle. Elle a été localisée au sud de l'actuelle Mauritanie, lors de fouilles archéologiques en 1913.

La capitale du Ghana était constituée de deux petites villes, l'une habité par des marchands musulmans et l'autre par le roi du Ghana et son peuple.

L'empire du Ghana se trouvait dans la région du Sahel au nord des champs d'or de l'Afrique de l'Ouest et a pu profiter du contrôle du commerce transsaharien.

Koumbi Saleh était une ville située sur la plaine et possédait douze mosquées, dont l'une pour la prière du vendredi.

Dans les environs se trouvait des puits d'eau douce avec lesquels les soninkés cultivaient des légumes.

Le roi avait un palais entouré d'un certain nombre de maisons et d'un grand mur.

Dans le palais du roi, et non loin de ses cours de justice, il y avait une mosquée pour les musulmans.

Le site archéologique a été ajouté à la liste du patrimoine mondial de l'UNESCO le 14 juin 2001.

L'Empire du Mali

L'empire du Mali (1230-1600) était un royaume Mandingue d'Afrique de l'Ouest fondé par Soundiata Keita. Il est devenu célèbre pour la richesse de ses dirigeants, particulièrement Mansa Moussa.

L'empire du Mali était le plus grand en Afrique occidentale et a profondément influencé la culture de la région à travers la diffusion de sa langue, de ses lois et coutumes le long des terres adjacentes, aussi bien que dans d'autres domaines.

Référence Pré-impérial

Il existe quelques références esquissées du Mali pré-impérial.

La référence la plus ancienne nomme deux pays «Daw» et «Malal» situés près du Niger et proches des champs d'or, qui sont probablement le noyau de l'éventuel Empire du Mali. Elle poursuit en décrivant comment un souverain inconnu du royaume a été converti à l'islam par un marchand après avoir assisté à une pluie miraculeuse qui avait mis fin à la sécheresse.

Cet événement a eu lieu au moins une génération avant 1068 puisque les descendants du souverain et ses nobles pratiquaient l'Islam, même si les personnes ordinaires n'étaient pas converties. En 1965 et au-delà, une équipe archéologique polonaise a travaillé à Niani, réputée être l'ancienne capitale du Mali.

Ils ont découvert des restes de bâtiments et d'autres objets qui ont montré une occupation du site depuis le 6ème siècle de notre ère.

À son apogée, Niani comptait un certain nombre de grappes éparpillées dans la campagne, y compris un nombre remarquable de sites de production de fer, faisant ainsi de la ville un grand centre industriel.

Il y a aussi des preuves d'une présence islamique, soutenant l'idée qu'il y avait une ville musulmane ou commerciale et une ville royale, ainsi que d'autres sites.

Ces fouilles ont fourni le soutien le plus fort à la revendication traditionnelle selon laquelle un état d'une certaine complexité a préexisté la période impériale de l'histoire du Mali.

Le Mali pré-impérial est basé sur la tradition orale recueillie depuis la fin du 19ème siècle.

Une grande partie de la tradition se concentre sur l'épopée de Soundiata Keita, une série de contes sur le début du Mali et que les griots ont raconté dans les plus longues versions.

Selon ces traditions, les royaumes mandingues du Mali existaient déjà plusieurs siècles avant l'unification de Soundiata.

Cette région était composée de montagnes, de savanes et de forêts offrant une protection idéale et des ressources pour la population de chasseurs.

Ceux qui ne vivaient pas dans les montagnes formaient de petites villes-états comme Toron, Ka-Ba et Niani.

La dynastie des Keita, dont presque chaque empereur du Mali est venu, retrace sa lignée vers Bilal, un fidèle du prophète Mohammed de l'Islam.

Les trois fils de Bilal ont fondé le pays Mandingue où l'aîné est devenu le premier souverain.

C'était une pratique courante au moyen-âge pour les dirigeants chrétiens et musulmans de lier leur lignée de sang.

De Keita Lawalo (l'un des sept fils de Bilal installés au Mali) à Naré Maghann Konaté (père de Soundiata Keita).

Les matériaux arabes sont assez abondants et donnent un certain nombre d'indices.

Pendant la période de l'Empire du Ghana, la terre Mandingue était l'une de ses provinces.

La ville Mandingue de Ka-ba (actuel Kangaba) a servi de capitale et de nom de cette province. Depuis au moins le début du 11ème siècle, les rois mandingues probablement connus sous le nom de faamas ont gouverné Ka-ba.

Après la chute du Ghana, la province de Kangaba s'est scindée en douze royaumes avec leur propre prince ou faama.

Les Mandingues ont été dispersé dans plusieurs zones, dont le territoire de Dodougou au nord-est et le territoire de Kri au sud-ouest. Le petit royaume de Niani était l'un des nombreux dans la région de Kri.

Le mouvement almoravide a affaibli le Ghana au point où l'autorité des dirigeants avait diminué.

Le Royaume Sosso avec son souverain Soumaoro Kanté a profité pour attaquer et s'emparer du Mali.

Soundiata était le fils de Naré Maghann Konaté (Maghan Konfara) et de Sogolon Condé (Sogolon Kolonkan ou Sogolon Kédjou)

Soundiata a été paralysé dès l'enfance et sa mère a était constamment taquiné et ridiculisé ouvertement pour l'incapacité de son fils.

Cela a considérablement affecté Soundiata et il était déterminé à faire tout ce qu'il pouvait pour marcher comme ses pairs.

Un jour, grâce à cette détermination, il se leva et marcha miraculeusement.

Parmi ses pairs, il est devenu un leader.

Son demi-frère paternel, Dankaran Touman, et la mère de Dankaran, Sassouma Bereté, étaient cruels et ennemis de Soundiata et de sa mère.

Leur cruauté s'est aggravée après la mort de Naré Maghann (le roi).

Pour échapper à la persécution et aux menaces sur la vie de son fils, Sogolon emmenait ses enfants, Soundiata et ses sœurs, en exil.

Cet exil a duré beaucoup d'années et les a conduits vers l'empire de Ghana et par la suite à Mema où le roi de Mema leur a accordé l'asile.

Soundiata fut admiré par le roi de Mema pour son courage et sa ténacité.

En tant que tel, il a reçu un poste de haut niveau dans le royaume. Lorsque le roi Soumaoro Kanté de Sosso a conquis le peuple Mandingue, des messagers ont été envoyés pour aller chercher Songolon et ses enfants, surtout parce que Soundiata était destiné à être un grand leader selon la prophétie.

En le retrouvant à Mema, ils le persuadèrent de revenir pour libérer les Mandingues et leur patrie.

A son retour, il était accompagné d'une armée organisée par le roi de Mema.

Les chefs de guerre du Mali à l'époque étaient : Tabon Wana, Kamadia Kamara (ou Kamadia Camara), Faon Condé, Siara Kouman Konaté et Tiramakhan Traoré (futur conquérant de Kaabu).

C'était sur la plaine de Sibi où ils ont formé une fraternité pour libérer leur pays et leurs peuples du puissant roi Sosso.

À la bataille de Kirina, Soundiata a vaincu le roi de Sosso et est devenu le premier empereur de l'Empire du Mali. Il était le premier des rois à adopter le titre de Mansa (roi ou empereur).

Le nom Sogolon dérive de sa mère et Jata signifie lion.

C'est la manière traditionnelle de louer quelqu'un dans certaines sociétés ouest-africaines (Gambie, Sénégal, Mali et Guinée en particulier).

Le nom Soundiata le loue par sa mère qui signifie "le lion de Songolon" ou "le lion de Songolon".

Le nom Jata dérive de Jara (lion).

Le nom de Soundiata est ainsi une combinaison du nom de sa mère Songolon (Soun) et de jata (le lion).

Le poème de Soundiata Keita raconte l'histoire du héros décédé en 1255 et fondateur de l'Empire du Mali.

L'épopée est un exemple de tradition orale, remontant au 14ème siècle et racontée par des générations de poètes griot (djeli).

Il existe quelques sources arabes du 14ème siècle sur les débuts de l'Empire du Mali.

Par conséquent, la preuve de la tradition orale peut être critique dans la reconstruction des événements historiques de la période.

La tradition orale subit nécessairement des changements importants au cours de plusieurs siècles.

Mais nous avons néanmoins tenté dans ce livre de repérer les éléments de l'épopée qui pourraient refléter les événements historiques.

L'épopée reflète les premiers stades de la tradition ouest-africaine, quand les différentes influences culturelles continuaient à se rassembler.

Des résumés écrits de l'épopée existaient en arabe avant 1890.

Au cours des années 1890, des versions de l'épopée ont été recueillies par des fonctionnaires français.

C'est notamment le cas de l'école française Elite William Ponty qui met en scène en 1937.

Cette période représente la première interaction de la tradition orale avec l'alphabétisation et la modernité.

La première transcription ligne-par-ligne de l'épopée racontée par un griot a été faite en 1967.

La rivalité entre les demi-frères et sœurs, Soundiata, fils de Sogolon et Dankaran Touman, fils de Sassouma (première femme du roi Marghan) provoquent finalement la fuite de la mère Sundiata.

L'épopée de Soundiata fait encore partie intégrante de la culture traditionnelle Mandingue et l'histoire continue d'être racontée par les griots et par des représentations rituelles masquées.

Aujourd'hui, l'épopée de Soundiata fait également partie de la mythologie nationale de la Républiques du Mali, de la Gambie, du Sénégal et de la Guinée et est traitée dans les programmes d'enseignement primaire et secondaire.

Naré Maghann Konaté (également appelé Maghan Kon Fatta ou Maghan le Beau) était un roi Mandingue qui a reçu un jour dans sa cour un chasseur qui a prédit que s'il épousait une femme laide, elle lui donnerait un fils qui serait un puissant roi.

Naré Maghann Konaté était déjà marié à Sassouma Bereté et avait un fils avec elle, Dankaran Toumani Keïta.

Cependant, lorsque deux chasseurs de la famille Traoré lui ont présenté une femme laide et bossue nommée Sogolon, il se rappela la prophétie et l'épousa.

Elle aura bientôt donné naissance à un fils, Soundiata Keita, qui sera incapable de marcher tout au long de son enfance.

Sassouma était jalouse de l'enfant et de la mère et se moquait de Soundiata pour son incapacité à marcher et pou la laideur qu'il avait héritée de sa mère.

Malgré sa faiblesse physique, le roi accordait à Soundiata son propre griot pour lui fournir l'information de manière constante.

Avec la mort de Naré Maghann Konaté (vers 1224), son premier fils, Dankaran Tuman, a pris le trône malgré les souhaits de Konaté que la prophétie soit respectée.

Soundiata et sa mère qui avait maintenant donné naissance à deux filles et adopté un deuxième fils de la troisième femme de Konaté Namandjé, ont souffert de la politique d'exclusion du nouveau roi et de sa mère.

Après un affront contre sa mère, Soundiata, à l'âge de sept ans, réussit à se lever et recouvra miraculeusement l'usage de ses jambes lorsqu'il toucha le bâton royal. Mais la haine de Dankaran Toumani et de Sassouma Bereté conduisit Soundiata, sa mère et ses sœurs à l'exil au Royaume de Mena.

Dans une version de l'épopée, Soundiata et sa mère ne sont pas exilés mais sont dans un lieu sécurisé.

Les royaumes voisins ne sont pas disposés à abriter Soundiata et Sogolon dans la crainte de conflits avec Sassouma et son fils.

Tout en vivant dans le royaume Mena, Soundiata a commencé à se développer aussi fort qu'un lion, et il a combattu avec le plus grand général du peuple Mena, Moussa Tounkara.

Soundiata est devenu un grand guerrier au point qu'il a été fait héritier du trône de Mema.

Cependant, Sogolon l'a encouragé à accomplir son destin et à retourner au Mali pour devenir roi.

Pendant ce temps, Soumaoro Kanté, le cruel sorcier roi de Sosso, attaqua le royaume Mandingue, causant la fuite de Dankaran Toumani.

Avant d'atteindre le Mali, Soumaoro avait conquis neuf royaumes de l'Empire du Ghana.

Le peuple Mandingue opprimé a alors envoyé des soldats rechercher Soundiata en exile.

Forgeant une coalition de petits royaumes voisins, Soundiata a mené une guerre contre le Sosso.

Finalement Soundiata a été plus tard couronné Mansa ou roi des rois de l'Empire du Mali.

Il se mit bientôt à organiser le noyau de l'empire et une constitution orale connue sous le nom de Kouroukan Fouga.

Son modèle de gouvernement guiderait l'empire dans la grandeur.

Bataille de Kirina

La Bataille de Kirina vers 1235, était une confrontation entre le roi Sosso Soumaoro Kanté et le prince Mandingue Soundiata Keita.

Les forces de Soundiata Keita ont défait à coups de pied ceux de Soumaoro Kanté, garantissant la prééminence du nouvel Empire du Mali.

Le grand-père de Soumaoro Kanté avec l'aide de son armée et de la noblesse Sosso de Kaniaga a occupé ce qui restait de l'empire Sosso.

Soumaoro est considéré comme l'un des véritables champions de la religion traditionnelle africaine.

Soumaoro est l'inventeur du balafon et d'une guitare à quatre cordes utilisées par les chasseurs et les griots.

Après sa victoire à Kirina, Soundiata a pris le contrôle des anciens états conquis du Sosso et s'est approprié des privilèges parmi ceux qui ont participé à la défaite de Soumaoro.

Les anciens alliés de Soumaoro furent également défiés plus tard, en particulier le roi de Djolof.

Le roi de Djolof, impliqué dans l'occulte (tout comme Soumaoro), fut plus tard défait par Tiramakhan Traore (l'un des généraux de Soundiata).

Quand Sundiata a envoyé ses hommes à Djolof pour acheter des chevaux dans une caravane chargée d'or, le roi de Djolof a pris tout l'or et les chevaux.

Dans une attaque de vengeance, Soundiata a envoyé son général à Djolof pour assassiner le roi.

C'est probablement ce roi de Djolof qui a pris parti avec Soumaoro à la Bataille de Kirina et appartient peut-être à la dynastie Ngom de Djolof, les prédécesseurs de la Dynastie Ndiaye.

Le roi de Djolof a fait parti des combats avec Soumaoro parce qu'il était aussi hostile à l'Islam.

Prélude

À la fin du 17ème siècle, l'Empire du Ghana autrefois dominant s'est effondré, à la suite des conflits internes et de l'intervention politique des Almoravides.

Un certain nombre de petits États voisins se sont précipités pour remplir le vide de puissance, y compris le peuple de Sosso du royaume de Kaniaga et le peuple Mandingue du Niger supérieur.

Sous la direction de Soumaro Kanté, les Sosso saisirent Koumbi Saleh, ancienne capitale de l'Empire du Ghana et quelques villes Mandingues

Pendant la bataille

Le prince Mandingue exilé Soundiata Keita a organisé une coalition de petits royaumes pour s'opposer au pouvoir croissant du Sosso.

Les armées adverses se sont rencontrées dans la région de Koulikoro, ce qui est maintenant le Mali, vers 1235.

Les forces de Soundiata Keita ont été victorieuses et ont marché sur le Sosso.

La date est souvent citée comme le début de l'Empire du Mali qui a contrôlé la plus grande partie de l'Afrique de l'Ouest pendant les deux siècles suivants.

Conséquences

Dans l'Épopée de Soundiata, largement considérée comme l'épopée nationale du Mali, Soumaoro Kanté est un roi sorcier qui opprime le peuple Mandingue.

Cependant, quand Soundiata découvre que son animal sacré est le coq, il parvient à blesser Soumaoro Kanté avec un éperon de coq.

Le roi Sosso s'enfuit alors dans le champ et disparait dans les montagnes de Koulikoro.

Religion

Soundiata est considéré comme un grand chasseur et un magicien dont les pouvoirs ont principalement adhéré aux croyances traditionnelles.

Le fils de Soundiata Keita, les fils adoptés et les frères avaient tous des noms musulmans.

Cependant, beaucoup de successeurs de Soundiata, y compris son fils Uli I du Mali, étaient des musulmans, Mansa Moussa étant l'un des plus célèbres.

En exil, Soundiata apprend l'Islam quand il se rend à la ville des Cissés et revient revêtu de robes musulmanes.

Il n'y avait qu'une seule mosquée dans Niani, la ville natale de Soundiata.

Nous pouvons dire qu'on ignore si Soundiata était réellement musulman.

Après la victoire

Après sa victoire à Kirina, le Mansa Soundiata a établi sa capitale à Niani, près de la frontière entre le Mali et la Guinée.

Aidé par ses généraux, Tiramakhan étant l'un des plus importants, il a continué à conquérir d'autres États.

Les terres du vieux Ghana furent conquises.

Le roi de Djolof fut vaincu par Tiramakhan et son royaume réduit à un état vassal.

Après avoir battu l'ancien allié de Soumaoro, Tiramakhan s'est aventuré profondément dans le Sénégal actuel, la Gambie et la Guinée-Bissau et les a conquis.

Tiramakhan était responsable de la conquête de la Sénégambie.

Il a défait le dernier grand roi de Bainouk (Roi Kikikor) et a annexé son état.

Le grand Kikikor a été tué et son royaume a été rebaptisé Kaabu.

Bien que les États conquis fussent responsables devant le Mansa (roi) du Mali, Soundiata n'était pas un monarque absolu malgré ce que son titre impliquait.

Bien qu'il ait probablement exercé l'autorité populaire, l'Empire du Mali aurait fonctionné comme une fédération avec chaque tribu ayant un représentant principal à la cour.

Les premières tribus étaient les clans Mandingues de Traoré, Kamara ou Camara, Kondé ou Condé, et bien sûr Keita.

La Grande Assemblée de Gbara était chargée de vérifier le pouvoir du Mansa, d'imposer ses édits parmi son peuple et de choisir le successeur (habituellement le fils du Mansa, le fils du frère ou de la sœur).

L'Empire a prospéré du 13ème à la fin du 14ème siècle mais a commencé à décliner pendant que quelques états vassaux ont regagné leur indépendance.

Certains de ces anciens vassaux sont allés former des empires.

Décès de Soundiata Keita

Le Mansa Soundiata Keita est mort en 1255.

Il y a cependant très peu d'informations concernant sa cause de décès et la tradition Mandingue interdit de révéler le lieu d'inhumation de leurs grands rois.

Selon certains, il est mort de noyade en essayant de traverser la rivière Sankarani, près de Niani.

Selon d'autres, il a été accidentellement tué par une flèche au cours d'une cérémonie.

Actuellement, la cause généralement admise de sa mort est la noyade dans le fleuve Sankarani, où un sanctuaire qui porte son nom reste existe toujours aujourd'hui.

Ses trois fils (le Mansa Wali Keita, Ouati Keita et Khalifa Keita) lui succédèrent comme Mansas de l'Empire.

La charte du Mandé, Manden ou Kouroukan Fouga

La charte du Mandé ou Kouroukan Fouga en langue mandingue était la constitution de l'Empire du Mali après la bataille de Kirina par une assemblée de nobles pour créer un gouvernement de l'empire nouvellement établi.

Le Kouroukan Fouga a établi la fédération des clans Mandingues sous un seul gouvernement, a décrit comment il fonctionnerait et établirait les lois par lesquelles le peuple vivrait.

La Charte du Manden, proclamée à Kouroukan Fouga, a été inscrite en 2009 sur la Liste représentative du patrimoine culturel mondiale conservée par l'UNESCO. Le Kouroukan Fouga contient quatre sections traitant l'organisation sociale, les droits de propriété, la protection de l'environnement et les responsabilités personnelles.

Le Kouroukan Fouga a divisé le nouvel empire en clans représentés à une grande assemblée appelée le Gbara.

Il y avait 16 clans connus responsables de diriger et défendre l'empire.

Il y avait aussi 4 clans qui guidaient les clans dominants en matière de droit islamique.

Il y avait 4 clans Niamakala qui avaient le monopole sur certains métiers.

Enfin, il y avait 4 clans de Djeli ou maîtres de la parole qui ont enregistré l'histoire de l'empire à travers les chants.

Ensemble, ils formeraient le Gbara de 29 places à la plaine de Kouroukan Fougan.

Le 30ème siège était occupé par le Djeli du Mansa appelé Belentigui ou maître des cérémonies.

L'article 7 institue le Sanankounia (un type de cousinage ou de plaisanterie qui est une longue tradition sociale ouest-africaine) comme un devoir civique.

Organisation sociale

Article 1: La Grande Société Mandé est divisée en seize clans de chasseurs, cinq clans de marabouts, quatre groupes de niamakala et un groupe d'esclaves. Chacun a une activité et un rôle spécifiques.

Article 2: Les niamakalas doivent se consacrer à dire la vérité aux chefs, à être leurs conseillers et à défendre par la parole les dirigeants établis et l'ordre sur tout le territoire.

Article 3: Les cinq clans de marabouts sont nos professeurs et nos éducateurs dans l'Islam. Tout le monde doit les tenir dans le respect et la considération.

Article 4: La société est divisée en groupes d'âge. Les personnes nées pendant une période de trois années consécutives appartiennent au même groupe d'âge. Les membres de la classe intermédiaire entre les jeunes et les personnes âgées devraient être invités à prendre part à la prise de décisions concernant la société.

Article 5: Tout le monde a droit à la vie et à la préservation de l'intégrité physique. En conséquence, toute tentative de priver son prochain de la vie est punie par la mort.

Article 6: Pour gagner la bataille de la prospérité, le système général de surveillance a été établi pour lutter contre la paresse et l'oisiveté.

Article 7: Le sanankounia (relation de plaisanterie) et le tanamannionia (pacte de sang) ont été établis parmi les Mandingues.

Par conséquent, toute contestation qui se produit entre ces groupes ne devrait pas dégénérer le respect de l'autre.

Entre beaux-frères et belles-sœurs, entre grands-parents et petits-enfants, la tolérance devrait être le principe.

Article 8: La famille Keïta est nommée famille régnante sur l'empire.

Article 9: Le droit à l'éducation pour tout le monde.

Article 10: Présenter les condoléances mutuellement.

Article 11: Lorsque votre femme ou votre enfant s'enfuit, arrêtez de courir après eux dans la maison du voisin.

Article 12: La succession étant patrilinéaire, ne jamais abandonner le pouvoir à un fils quand l'un des frères de son père est encore vivant.

Article 13: Ne jamais offenser les Niaras (les talentueux).

Article 14: Ne jamais offenser les femmes, les mères.

Article 15: Ne jamais battre une femme mariée.

Article 16: Les femmes, hormis leurs occupations quotidiennes, doivent être associées à toutes nos directions.

Article 17: Les mensonges qui ont vécu pendant 40 ans doivent être considérés comme des vérités.

Article 18: Nous devons respecter la loi de primogéniture.

Article 19: Tout homme a deux beaux-parents: Nous devons les tenir en respect et en considération.

Article 20: Ne maltraitez pas les esclaves.

Article 21: Ne suivez pas avec attentions constantes les femmes du chef, du voisin, du marabout, du prêtre, de l'ami et du partenaire.

Article 22: La vanité est le signe de la faiblesse et l'humilité le signe de la grandeur.

Article 23: Ne vous trahissez jamais. Respectez votre parole d'honneur.

Article 24: Ne maltraitez pas les étrangers.
Article 25: Les étrangers ont des droits et ne risque rien.

Article 26: Une fille peut être donnée en mariage après l'âge de la puberté.
Article 27: Un jeune homme peut se marier à 20 ans.
Article 28: La dot est fixée à 3 vaches: une pour la fille, deux pour le père et la mère.

Article 29: Dans le Mandé, le divorce est toléré pour l'une des raisons suivantes: l'impuissance du mari, la folie, l'incapacité du mari à assumer les obligations du mariage. Le divorce devrait se produire hors du village.

Article 30: Nous devons aider ceux qui sont dans le besoin (les pauvres).

Article 31: Il ya cinq façons d'acquérir des biens: l'achat, le don, l'échange, le travail et l'héritage. Toute autre forme sans témoignage convaincant est douteuse.

Article 32: Tout objet trouvé sans propriétaire appartient au peuple.

Article 33: Un bovin doit être échangé contre quatre brebis ou quatre chèvres.

Article 34: Fakombè est le chef des chasseurs.

Article 34: Avant de mettre le feu à la brousse, il faut voir si les arbres portent des fruits ou des fleurs.

Article 35: Les animaux domestiques doivent être enfermés pendant la culture et libérés après la récolte.

Article 36: Respecter les parents, le mariage et le voisinage.

Article 37: Vous pouvez tuer l'ennemi, mais ne pas l'humilier.

Article 38: Dans les grandes assemblées, soyez satisfaits de vos représentants légitimes.

Article 39: Balla Fassèkè Kouyaté est nommé chef de cérémonie et principal médiateur. Il est autorisé à plaisanter avec tous les groupes, en priorité avec la famille royale.

Article 40: Tous ceux qui transgresseront ces règles seront punis.

Gbara

Le Gbara ou Grande Assemblée était le corps délibératif de l'Empire du Mali, qui a régné sur une grande partie de l'Afrique de l'Ouest.

Le Gbara a d'abord été fondé en 1235 sur les ordres de Soundiata dans la constitution Mandingue connue sous le nom de Kouroukan Fouga.

Fonction

Le Gbara était composé de 32 membres dont 29 principalement des clans Mandingues.

Les membres de ces clans avaient aidé Soundiata dans sa guerre contre Soumaoro Kanté.

Les descendants de ces clans occupaient des postes dans le Gbara et soutenaient la puissance de l'empereur.
Le Gbara a été divisé en quatre blocs de vote répartis entre les lignes militaires, politiques, religieuses et économiques.

Les Djon-Tan-Nor-Woro (parfois cités comme Ton-Ta-Jon), signifiant porteurs de carquois, étaient l'aile militaire du Gbara responsable de diriger l'armée et parfois de gouverner les provinces ou les comtés.

Le bloc purement politique du Gbara était les clans de Maghan (littéralement le clan des princes).

Ce groupe comprenait les clans impériaux et des clans apparentés qui povaient également monter sur le trône.

La constitution de l'empire comprenait aussi des clans religieux servant de marabouts ou de guides islamiques à la noblesse.

Enfin il y avait les clans de Niamakala. Niama est la puissance ou l'énergie qui circule à l'intérieur et entre tout et sa manipulation habile est nécessaire pour accomplir certaines fonctions, en particulier forger ou servir de griot ou djeli.

Les 16 clans de Djon-Tan-Nor-Woro responsables de la défense et les descendants des généraux de Soundiata Keita:

Dansouba
Diaby

Diakité

Diallo

Diawara

Fofana
Kamara

Kamissoko
Koita
Kondé

Koroma
Magassouba
Sako
Sangaré
Sidibé
Traoré

Les 4 princes responsables du leadership:

Soumano
Keita

Konaté

Koulibaly

Les 5 clans responsables de l'enseignement et des conseils islamiques:

Bérété
Cissé
Diané

Koma
Sylla

Les 7 clans Niamakala responsables de l'information:

Diabaté

Kanté

Kamara

Koroma

Kouyaté

Sylla

Réforme sociale, économique et gouvernementale

Le Kouroukan Fouga a également mis en place des réformes sociales et économiques, y compris des interdictions sur le mauvais traitement des prisonniers et des esclaves, l'installation de femmes dans les milieux gouvernementaux et la mise en place d'un système de plaisanterie entre clans.

Le Kouroukan Fouga a établi la suprématie du Mali sur tous les royaumes contrôlés ou alliés à la fédération, y compris Ouagadou et Mema.

Tout futur mansas devrait être choisi du clan Keita, et la ville de Niani (dans la Guinée actuelle) deviendrait la capitale fédérale.

Mansa Mari Djata revient et reconstruit la capitale de Niani, qui avait été détruite par Soumaoro en son absence et en a fait le plus important centre de commerce en Afrique de l'Ouest pour les 200 prochaines années.

Les Douze portes du Mali

Les douze portes du Mali étaient les possessions du Mansa de l'Empire du Mali après la bataille de Kirina.

Ces terres étaient alliées ou conquises par Soundiata Keita (le premier empereur du Mali) pendant sa campagne pour libérer le peuple Mandingue du royaume de Sosso de Kaniaga.

Liste des douze portes

Bambougou : conquis par Fakoli Koroma
Les terres des Bozo : alliées au Djedeba d'où viennent toutes les futures reines Keita (telles que Sogolon Condé, mère de Soundiata)

Djalo : conquis par Fran Kamara
Kaniaga : conquis par Mari Djata I (communément appelée Soundiata Keita)

Kri : conquis par Mari Djata I

Siby

Tabon

Toron

Zaghari

Les douze portes étaient la base du Manden Kouroufa (Empire du Mali).

Avec les conquêtes futures et la réorganisation, les douze portes sont restés importantes dans les milieux politiques et militaires du pouvoir impérial jusqu'à la fin de l'Empire du Mali en 1645.

Administration

L'Empire du Mali a couvert la plus grande superficie de l'Afrique de l'Ouest grâce à sa nature décentralisée de l'administration.

Le mansa a réussi à garder l'argent des impôts et le contrôle nominal sur la région sans révolte.

Au niveau local (village), le dougou-tigui ou chef est élu d'une lignée descendue du fondateur semi-mythique de cette localité.

Les administrateurs de comté appelés kafo-tigui (maître de comté) ont été nommés par le gouverneur de la province.

Ce n'est que lorsque nous arrivons au niveau de l'État ou de la province qu'il y a une ingérence palpable de la part de l'autorité centrale de Niani.

Les provinces ont choisi leurs propres gouverneurs selon leur propre coutume (élection, héritage, etc.).

Indépendamment de leur titre dans la province, ils ont été identifiés comme diamani-tigui (maître de province) par le mansa.

Le Diamani-tigui devait être approuvé par le mansa et soumis à sa surveillance. Lorsque le mansa ne croyait pas que le diamani-tigui était capable ou digne de confiance, un farba pouvait être installé pour surveiller la province ou l'administrer directement.

En dehors de toute autre difficulté, le diamanitigui dirigait la province en recueillant lui-même des impôts.

Les Farbas sont les membres de la famille des vainqueurs ou de la famille royale. La seule exigence réelle était que le mansa savait qu'il pouvait faire confiance au Farba pour sauvegarder les intérêts impériaux.

La farba pouvait également prendre le pouvoir de l'administration si nécessaire et lever une armée dans la région pour la défense des rébellions.

Le poste d'un farba était très prestigieux, et ses descendants pouvaient l'hériter avec l'approbation du mansa. Le mansa pouvait également remplacer un farba comme le cas de Diafounou.

Territoire

L'Empire du Mali a atteint sa plus grande taille sous le mansa Laye Keita.

Le royaume était carré à partir l'embouchure du fleuve Sénégal à Muli (aussi connu sous le nom de Toufat). L'empire se trouvait au sud de Marrakech et était presque entièrement habité sauf dans quelques endroits.

Le domaine du Mali s'étendait aussi dans le désert au nord du Mali, mais sous la domination des tribus berbères.

La superficie totale de l'empire comprenait presque toutes les terres entre le désert du Sahara et les forêts côtières.

Elle s'étendait sur les pays modernes du Sénégal, du sud de la Mauritanie, du Mali, du nord du Burkina Faso, de l'ouest du Niger, de la Gambie, de la Guinée-Bissau, de la Guinée, de la Côte d'Ivoire et du nord du Ghana.

En 1350, l'empire couvrait approximativement 1 138 000 kilomètres carrés. L'empire a également atteint sa population la plus élevée pendant la période de Laye avec plus de 400 villes et villages. Pendant cette période, seul l'Empire mongol était plus grand.

L'augmentation spectaculaire de la taille de l'empire a exigé un changement de l'organisation du Manden Kurufaba.

Économie

L'empire du Mali a prospéré à cause du commerce avant tout. Il contenait trois immenses mines d'or à l'intérieur de ses frontières, contrairement à l'Empire du Ghana, qui n'était qu'un point de transit pour l'or.

L'empire taxait chaque once d'or, de cuivre et de sel qui entrait dans ses frontières.

Au début du 14ème siècle, le Mali était le plus grand producteur d'or au monde avec près de la moitié des reserves mondiales exportées des mines de Bambouk, de Boure et de Galam.

Les mines d'or de Boure, aujourd'hui connue sous le nom de Guinée, ont été découvertes vers la fin du 12${}^{\text{ème}}$ siècle.

Il n'y avait pas de monnaie standard dans tout le royaume, mais plusieurs formes d'échanges importantes par région.

Les villes sahéliennes et sahariennes de l'empire du Mali ont été organisées comme des centres de commerce pour les divers produits de l'Afrique de l'Ouest.

Dans la ville de Taghaza, par exemple, le sel a été échangé. À Takedda, le cuivre.

Les pépites d'or étaient la propriété exclusive du mansa.

Tout l'or fut immédiatement remis au trésor impérial en échange d'une valeur égale.

La mesure la plus courante pour l'or dans le royaume était de 4,5 grammes d'or (mithkals).

La prochaine grande unité d'échange dans l'Empire du Mali était le sel. Le sel était aussi précieux, sinon plus précieux que l'or en Afrique subsaharienne.

Alors que le sel était aussi bon que l'or dans le nord, cela était encore mieux dans le sud.

Le sel était extrêmement rare et les peuples du sud avaient toujours besoin de sel pour leur alimentation.

La région du nord, d'autre part ne manquait pas de sel. Chaque année, les commerçants entraient au Mali avec des charges de sel sur les chameaux.

Une charge de chameau était vendue à 10 mithkals d'or.

Une source particulière de sel dans l'Empire du Mali était les sites d'extraction situés à Taghaza.

Taghaza n'avait pas d'arbres, il n'y avait que du sable et des mines de sel. Personne ne vivait dans la région sauf les serviteurs qui creusaient le sel.

Les bâtiments ont été construits à partir de dalles de sel et couverts de peaux de chameau.

Le sel a été creusé du sol et coupé en dalles épaisses, dont deux chargés sur chaque chameau et transportés vers le sud à travers le désert.

La valeur du sel était principalement déterminée par les frais de transport.

Le cuivre était également une marchandise précieuse dans le Mali impérial.

Le cuivre a été extrait de Takedda dans le nord et a été échangé avec l'or dans le sud.

Histoire militaire de l'Empire du Mali

Le nombre et la fréquence des conquêtes à la fin du 13ème siècle et tout au long du 14ème siècle indiquent que le mansa a développé une puissante armée.

Soundjata est crédité pour l'organisation initiale de la machine de guerre Mandingue.

Cependant, la force militiare a traversé des changements radicaux avant d'atteindre les proportions légendaires.

Grâce à la stabilité des recettes fiscales et à la stabilité du gouvernement au cours du dernier quart du 13ème siècle, l'Empire du Mali a pu projeter son pouvoir dans son vaste domaine et au-delà.

L'Empire du Mali a maintenu une armée semi-professionnelle à plein temps pour défendre ses frontières.

La nation entière fut mobilisée avec chaque clan obligé de fournir un contingent d'hommes pour combattre.

L'armée du Mali comptait plus de 100.000 soldats.

Les voies navigables intérieures de l'Afrique de l'Ouest ont vu l'utilisation extensive de canots de guerre et de navires utilisés pour le transport.

La plupart des pirogues d'Afrique de l'Ouest étaient de construction simple, sculptée et creusée à partir d'un tronc d'arbre massif.

L'armée de l'empire malien au cours du 14ème siècle a été commandée par Farim-Soura au nord et Sankar-Zouma au sud.

Ces deux hommes faisaient partie de l'élite guerrière du Mali, connue sous le nom de ton-ta-jon-ta-ni-woro.

Chaque représentant a fourni des conseils au mansa et au Gbara.

La ton-tigi appartenait à une force d'élite de commandants de cavalerie appelée les farari (hommes courageux).

Chaque farari commandait un certain nombre d'officiers d'infanterie appelé kèlè-koun ou doukounasi.

Le farimba fonctionnait à partir d'une garnison avec une troupe presque entièrement esclave, tandis que le farima fonctionnait sur le terrain avec des hommes libres.

L'armée de l'Empire du Mali utilisait une grande variété d'armes comme les flèches empoisonnées.

Les guerriers du nord étaient habituellement équipés de grands boucliers de peau d'animal et d'une lance appelée tamba.

L'arc figurait en bonne place dans la guerre mandingue et était le symbole de la force militaire dans toute la culture.

Ils ont également utilisé des flèches flamboyantes pour la guerre de siège. Tandis que les lances et les arcs étaient le pilier de l'infanterie, les épées et les lances de fabrication locale ou étrangère étaient les armes de choix de la cavalerie.

Une autre arme commune des guerriers était le javelot empoisonné. Les cavaliers impériaux du Mali utilisaient aussi des armures de défense et des boucliers semblables à ceux de l'infanterie moderne.

L'architecture impériale

L'architecture impériale malienne se caractérisait par une architecture soudano-sahélienne avec un sous-modèle malien, illustré par la Grande Mosquée de Djenné.

Ce style se caractérise par l'utilisation de briques de boue et d'un plâtre d'adobe, avec de grandes poutres de support en bois qui dépassent le mur pour les grands bâtiments tels que les mosquées ou les palais.

L'influence soudano-sahélienne a été particulièrement intégrée dans le règne de Mansa

Moussa I, qui a construit de nombreux projets architecturaux, y compris la Grande Mosquée de Gao et le Palais Royal à Tombouctou.

Dynastie Keita

Le nom Keita signifie effectivement héritier en langue mandingue et que le vrai nom de Soundiata est Konaté.

Le père de Soundiata Keita, Naré Maghann Konaté, portait le vrai nom de famille alors que ses successeurs étaient des "Keitas" (héritiers du trône).

Bien que dans certaines sociétés d'Afrique de l'Ouest le nom du clan peut être semblable au nom de famille, ces similitudes n'existent pas entre les noms Keita et Konaté.

Les points de discorde sont d'accord que Keita n'est pas un vrai nom de famille, en dépit du fait que Soundiata est appelé Soundiata Keita.

La dynastie Keita a régné sur le Mali pré-impérial et impérial du 17ème siècle au début du 18ème siècle.

C'était une dynastie musulmane et ses dirigeants ont revendiqué la descendance de Bilal Keita (plus tard appelé Bilal ibn Ribah Bilal).

Bilal Keita était un esclave libéré qui a accepté l'Islam et est devenu l'un des disciples du Prophète Mohammed.

Bilal Keita porte la distinction d'être le premier muezzin dans l'Islam.

Bilal avait sept fils, dont l'un s'est installé au Mali.

Ce fils, Lawalo Keita, avait un fils nommé Latal Kalabi Keita, qui plus tard a donné naissance à Damul Kalabi Keita.

Le fils de Damul Kalabi Keita était Lahilatoul Keita, le premier chef de Niani. C'est par Lahilatoul que le clan Keita devient une dynastie régnante, mais seulement sur la petite région autour de Niani.

Il y aurait neuf chefs de Niani avant la fondation de l'Empire du Mali.

Le premier Mansa est Soundiata Keita.

Quelques générations après lui son grand-neveu, Mansa Moussa Keita I du Mali, a fait un célèbre pèlerinage à la Mecque et a établi sa réputation comme l'homme le plus riche du monde et de tous les temps.

La dynastie à laquelle il appartient est restée une puissance majeure en Afrique de l'Ouest de 1235 jusqu'à la dissolution de l'Empire du Mali vers 1610.

Les rivaux du clan ont fondé des royaumes plus petits au sein du Mali contemporain et de la Guinée.

Aujourd'hui le nom Keita appartient seulement à une famille royale en Afrique.

Parmi les membres de cette dynastie Keita, Modibo Keita, le musicien Salif Keita et le Ibrahim Boubacar Keita sont sans doute les plus célèbres.

Liste des chefs Keita

Lahilatoul Kalabi, premier prince

Kalabi Bomba, fils de Lahilatoul Kalabi

Kalabi Dauman, fils cadet de Lahilatoul et ancêtre des Dioulas (commerçants)

Mamadi Kani (vers 1050), fils de Kalabi Bomba, roi chasseur, inventeur du sifflet du chasseur, communiquait avec les djinns de la brousse

M'Bali Nene (1175-?)

Bello Bakon (? -1200s)

Maghan Kon Fatta (1200s-1218)

Dankaran Touman (1218-c.1230)

Mari Djata I (plus tard nommé Soundiata Keita I) (1235-1255)

Uli Keita I (1255 1270)

Wati Keita (1270-1274)

Khalifa Keita (1274-1275)

Abubakari Keita I (1275-1285)

Sakoura Keita (1285-1300)

Gao Keita (1300-1305)

Mohammed ibn Gao Keita (1305-1310)

Abubakari Keita II (1310-1312)

Mansa Musa Keita I (1312-1337)

Maghan Keita I (1337-1341)

Souleyman Keita (1341-1360)

Camba Keita (1360)

Mari Djata Keita II (1360-1374)

Moussa Keita II (1374-1387)

Maghan Keita II (1387-1389)

Sandaki Keita (1389-1390)

Maghan Keita III (aussi connu sous le nom de Mahmoud Keita I) (1390-1404)

Moussa Keita III (1404-c.1440)

Uli Keita II (c.1460-1480 / 1481)

Mahmoud Keita II (aussi connu sous le nom de Mamadou Keita) (1480 / 1481-1496)

Mahmoud Keita III (1496-1559)

Mansa inconnu ou vacance (1559-c.1590)

Mahmoud Keita IV (c.1590-c.1610)

L'Empire s'effondre après la mort de Mahmoud Keita IV.

Liste des chefs post-impériales

Mama Maghan (c.1660-c.1670)

~ 137 ~

Le peuple Mandingue

Le peuple Mandingue est un groupe ethnique d'Afrique de l'Ouest dont la population mondiale est estimée à 12 millions en 2016.

Faisant partie des peuples Mandés, ils sont connus sous d'autres dénominations telles que les Bambaras au Mali, les Dioulas en Côte d'Ivoire et au Burkina Faso et les Malinkés en Guinée, au Sénégal et en Gambie.

Les Mandingues ont formé la majorité de la population de l'Empire du Mali et sont les descendants du roi Malinké Soundiata Keita.

Les Mandingues appartiennent au plus grand groupe ethnolinguistique d'Afrique de l'Ouest, les Mandé, qui comptent plus de vingt millions de personnes.

Originaire du Mali, les Mandingues ont gagné leur indépendance des empires antérieurs au 13ème siècle et ont fondé un empire qui s'est étendu à travers l'Afrique occidentale.

Ils ont migré vers l'ouest du fleuve Niger en quête de meilleures terres agricoles et plus de possibilités de conquête.

A travers une série de conflits, les jihads Peuls, en particulier dans l'Imamat du Fouta Djalon, ont convertis plusieurs mandingues indigènes à l'islam.

Plus de 99% des mandingues en Afrique contemporaine sont musulmans.

Les Mandingues vivent principalement en Afrique de l'Ouest, en particulier au Mali, Gambie et en Guinée où ils sont le groupe ethnique le plus important.

Les populations Mandingues vivent également en Sierra Leone, en Côte d'Ivoire, au Sénégal, au Burkina Faso, au Libéria, en Guinée-Bissau, au Niger et en Mauritanie.

Bien que largement répandu, dans la plupart des pays, les Mandingues ne sont pas le groupe ethnique le plus important.

La plupart des mandingos vivent dans des complexes familiaux des villages ruraux traditionnels.

Les communautés mandingues ont été assez autonomes, étant dirigées par un chef et un groupe d'aînés.

Le Mandingue a été une société orale où les mythologies, l'histoire et la connaissance est verbalement transmis d'une génération à l'autre.

Entre le 16ème et le 19ème siècle, de nombreux Mandingues musulmans et non-musulmans avec beaucoup d'autres groupes ethniques africains ont été capturés, esclavisés et expédiés aux Amériques.

Le peuple Mandingue influence de manière significative les peuples du patrimoine africain maintenant trouvé dans les Caraïbes, au Brésil et dans le sud des États-Unis.

Origines

Les Mandingues formaient initialement une partie de la population des royaumes formés après l'effondrement de l'empire du Ghana au 11ème siècle.

Au cours du règne de Soundiata Keita, ces royaumes ont été consolidés, et le Mandingue étendu à l'ouest du bassin du fleuve Niger sous le général Tiramakhan Traoré.

Cette expansion faisait partie de la création d'une région de conquête et a commencé à la fin du 13ème siècle.

Un autre groupe de Mandingue, sous Faran Kamara, le fils du roi de Tabou, s'est développé au sud-est du Mali.

Avec la migration, de nombreux artisans de l'or et forgerons, les mandingues travaillant dans le métal se sont installés le long de la côte et dans les vallées du Fouta Djalon.

Leur présence et leurs produits ont attiré les marchands de l'Afrique du Nord et de l'est du

Sahel. Mais elle a également provoqué des conflits avec d'autres groupes ethniques, tels que les Wolofs.

Le commerce avec l'Afrique du Nord et le Moyen-Orient a amené les peuples islamiques dans la région et élargi la population mandingue.

Les commerçants musulmans voulaient introduire l'Islam dans la région.

Au Ghana, par exemple, les Almoravides avaient divisé leur capitale en deux parties en 1077, une partie était musulmane et une autre non musulmane.

En 1324, le Mansa Moussa qui a gouverné le Mali, a fait un pèlerinage de Hajj à La Mecque avec sa caravane portant une grande quantité d'or.

Moussa a construit des mosquées dans son royaume, a établi des centres islamiques et a repris l'école Maliki des juristes sunnites.

Moussa a été très influent dans l'attraction des musulmans d'Afrique du Nord et du Moyen-Orient en Afrique de l'Ouest.

Le peuple mandingue du Mali s'est converti tôt, mais ceux qui ont émigré vers l'ouest ne se sont pas converti et ont conservé leurs rites religieux traditionnels.

Le général Tiramakhan Traoré s'étaient convertis à l'Islam et avait épousé la petite-fille de Mohammed.

Esclavage

L'histoire de la capture et du commerce des esclaves dans les régions de Mandingues a commencé bien avant l'ère coloniale européenne.

Les esclaves représentaient une partie du peuple Mandingue.

Par exemple, il y avait quatorze royaumes mandingues le long de la région Sénégambie au début du 19ème siècle où les esclaves faisaient partie des couches sociales.

La vente d'esclaves constituait déjà une part importante du commerce de caravanes transsahariennes à travers le Sahel entre l'Afrique de l'Ouest et le Moyen-Orient après le 13ème siècle.

L'achat européen d'esclaves a commencé avec l'arrivée des explorateurs portugais en Afrique alors qu'ils cherchaient une route maritime vers l'Inde.

L'esclavage a considérablement augmenté entre le 16ème et le 19ème siècle.

Les Portugais considéraient les esclaves de la Guinée et de la Sénégambie comme appartenant à eux mais se plaignaient de la présence des navires français et britanniques.

Leurs exportations d'esclaves dans cette région a presque doublé dans la deuxième moitié du 18ème siècle et la plupart de ces esclaves ont débarqué au Brésil.

L'esclavage était déjà une pratique acceptée avant le 15ème siècle.

Au fur et à mesure que la demande grandissait, les États dirigés par une théocratie militaire islamique devinrent l'un des centres de l'esclavage.

Les mandingues et d'autres groupes ethniques avaient déjà des esclaves hérités des ancêtres et qui pouvaient être vendus.

Les armées islamiques du Soudan avaient longtemps établi la pratique des raids du commerce d'esclaves.

Le djihad Peul au Fouta Djallon a perpétué et élargi cette pratique. Ces jihads étaient les plus grands producteurs d'esclaves pour les commerçants portugais dans les ports contrôlés par les Mandingues.

Du 18ème au 19ème siècle, plusieurs mandingues ont commencé à arriver comme esclaves dans les colonies portugaises, françaises et britanniques des Caraïbes et d'Amérique du Sud.

Au cours de ces années, les registres du commerce des esclaves montrent que près de 33% des esclaves des côtes de la Sénégambie et de la Guinée-Bissau étaient des Mandingues.

De nombreux Afro-Américains au Brésil, aux Caraïbes et aux États-Unis sont les descendants du peuple Mandingue.

Économie

Les Mandingues sont des agriculteurs qui dépendent de l'arachide, du riz, du mil, du maïs et de l'élevage à petite échelle pour leur subsistance.

Pendant la saison des pluies, les hommes plantent l'arachide comme principale culture commerciale.

Les hommes cultivent aussi le mil et les femmes travaillent dans les champs de riz, en entretenant les plantes à la main.

Il s'agit d'un travail extrêmement exigeant en main-d'oeuvre et physiquement.

Seulement 50% des besoins en riz sont comblés par des plantations locales; Le reste est importé d'Asie et des États-Unis.

Le plus vieux mâle est le chef de famille et les mariages sont ordinairement arrangés.

De petites maisons de boue aux toits de chaume constituent leurs villages qui sont organisés sur la base des clans.

Alors que l'agriculture est la profession prédominante chez les Mandingues, les hommes travaillent aussi comme tailleurs, bouchers, chauffeurs de taxi, menuisiers, métallurgistes, soldats et infirmiers.

Cependant, la plupart des femmes, probablement 95% restent à la maison avec les enfants.

Religion

Aujourd'hui, plus de 99% des Mandingues sont musulmans. Les Mandingues peuvent réciter les chapitres du Coran en arabe.

Les esprits Mandingues sont principalement contrôlés par le pouvoir d'un marabout qui connaît les formules de protection.

Dans la plupart des cas, aucune décision importante n'est prise sans consulter le marabout.

Les marabouts, qui ont une formation islamique, écrivent des versets coraniques sur des feuillets de papier et les cousent dans des sacs en cuir (talisman).

La conversion à l'Islam a eu lieu pendant de nombreux siècles.

Les Mandingues du Mali ont commencé à se convertir à l'Islam après la chute de l'Empire du Ghana.

Société et culture

La plupart des Mandingues vivent dans des habitations dans les villages traditionnels.

Les villages de Mandingues sont assez autonomes et auto-gouvernés par un conseil des aînés de classe supérieure et par un chef qui fonctionne comme roi.

Stratification sociale

Les Mandingues ont traditionnellement été une société socialement stratifiée, comme beaucoup d'ethnies d'Afrique de l'Ouest.

La société mandingue a été divisé en trois castes endogames: le libre-né (foro), les esclaves (jongo), les artisans et les chanteurs d'éloges (niamolo).

Les castes libres sont principalement des agriculteurs, tandis que les couches d'esclaves comprenaient des fournisseurs de main-d'œuvre pour les agriculteurs, ainsi que les ouvriers de cuir, les fabricants de poterie, les forgerons, les griots et d'autres.

Les castes Mandingues sont héréditaires, et les mariages hors de la caste étaient interdits.

Leur système de castes est semblable à ceux des autres groupes ethniques de la région du Sahel.

Rites de passage ou Kankourang

Les Mandingues pratiquent un rite de passage, Kankourang, qui marque le début de l'âge adulte pour leurs enfants.

À l'âge de 14 ans, les jeunes ont leurs organes génitaux coupés rituellement en groupes distincts selon leur sexe.

Dans les années passées, les enfants ont passé jusqu'à un an dans la brousse, mais cela a été réduit maintenant pour coïncider avec leur temps de guérison physique.

Pendant ce temps, ils apprennent leurs responsabilités sociales et les règles.

Une célébration marque le retour de ces nouveaux adultes à leurs familles.

Mutilation génitale féminine

Les femmes de Mandingues, comme les autres groupes ethniques en Afrique de l'Ouest, pratiquent traditionnellement la mutilation génitale féminine.

Les taux de prévalence de la circoncision féminine chez les Mandingues sont élevés à plus de 96%.

Dans certains pays d'Afrique de l'Ouest, les taux de prévalence des mutilations génitales féminines sont plus faibles, mais se situent entre 40% et 80%.

Cette pratique culturelle, appelée localement Niaka ou Kouyongo ou Moussolula Karola ou Bondo, implique l'ablation partielle ou totale du clitoris ou encore l'ablation partielle ou totale des petites lèvres avec le clitoris.

En 2010, après des efforts communautaires des organismes gouvernementaux locaux, plusieurs organisations féminines de Mandingues se sont engagées à abandonner les pratiques de multilatation génitale féminine.

Mariage

Les mariages sont traditionnellement organisés par les membres de la famille plutôt que la mariée ou le marié.

Cette pratique est particulièrement répandue dans les zones rurales.

Les noix de cola sont formellement envoyées par la famille du prétendant aux anciens mâles de la future mariée, et si elle est acceptée, la cour commence.

La polygamie a été pratiquée parmi les Mandingues depuis avant l'islamisation.

Un Mandingue est légalement autorisé à avoir jusqu'à quatre femmes lorsqu'il est capable de prendre soin de chacun d'elles.

La première épouse a autorité sur toutes les épouses subséquentes. Le mari exerce un contrôle total sur ses femmes et est responsable de sa famille. Il aide aussi les parents des épouses lorsque cela est nécessaire.

Les épouses sont censées vivre ensemble en harmonie, au moins superficiellement. Elles partagent les responsabilités de travail comme la cuisine, la lessive et d'autres tâches.

Musique

La culture mandingue est riche en traditions, en musique et en rituels spirituels.

Les Mandingues continuent une longue tradition d'histoire orale à travers l'histoire, les chansons et les proverbes.

Dans les zones rurales, l'impact de l'éducation occidentale est minime; le taux d'alphabétisation est assez faible.

Cependant, plus de la moitié de la population adulte peut lire l'écriture arabe locale.

Les petites écoles coraniques pour enfants sont assez courantes. Les enfants Mandingues reçoivent leur nom le huitième jour après leur naissance et sont toujours nommés selon le nom d'une personne très importante de la famille.

Les Mandingues ont une riche histoire orale qui est transmise par les griots. Cette transmission de l'histoire orale à travers la musique a fait de la musique un des traits les plus distinctifs du peuple Mandingue.

La Kora

Ils ont longtemps été connus pour leur tambour et aussi pour leur instrument de musique unique, la kora.

La kora est une guitare de vingt et un (21) cordes, fabriqué à partir d'une demi-gourde creuse, séchée, recouverte de peau de vache ou de chèvre.

Les cordes sont faites à partir de tendons de vache.

La kora est souvent jouée pour accompagner le chant d'un griot.

Grande mosquée de Djenné

La Grande Mosquée de Djenné est un grand bâtiment considéré par beaucoup d'architectes comme l'une des plus grandes réalisations du style architectural sudano-sahélien.

La mosquée est située dans la ville de Djenné, au Mali, sur la plaine inondable de la rivière Bani.

La première mosquée du site a été construite vers le 13ème siècle, mais la structure actuelle date de 1907.

En plus d'être le centre de la communauté de Djenné, c'est l'un des monuments les plus célèbres d'Afrique et a été désigné patrimoine mondial de l'UNESCO en 1988.

La date réelle de construction de la première mosquée à Djenné est inconnue, mais les dates datent de 1200 et aussi tard que 1330 ont été suggérées.

La mosquée de Sékou Amadou

Entre 1834 et 1836, le leader peul Sékou Amadou qui avait lancé un djihad et conquis la ville de Djenné a désapprouvé la mosquée existante et construit une nouvelle mosquée à l'est de la mosquée existante sur le site de l'ancien palais.

La nouvelle mosquée était un grand bâtiment bas sans tours.

En 1906, l'administration française de la ville a organisé la reconstruction de la mosquée et en même temps une école a été construite sur le site de la mosquée.

La reconstruction a été achevée en 1907 en utilisant le travail forcé sous la direction d'Ismaila Traoré, chef des maçons de Djenné.

Importance culturelle

Toute la communauté de Djenné participe activement à l'entretien des mosquées par un festival annuel unique.

Cela comprend la musique et la nourriture, mais a pour objectif principal de réparer les dommages infligés aux mosquées.

Sankoré Madrasah ou Université de Sankoré

L'Université de Sankoré ou Sankoré Madrasah est l'un des trois anciens centres d'apprentissage de l'Islam situé à Tombouctou, au centre du Mali.

Les trois mosquées de Sankoré, la La Grande Mosquée Djingareyber et Sidi Yahya composent la célèbre Université de Tombouctou.

Madrasah signifie école ou université en arabe et aussi dans d'autres langues associées aux musulmans.

Empire Songhaï

L'Empire Songhaï était un État qui dominait l'Afrique de l'Ouest au 15ème et 16ème siècle.

À son apogée, Songhaï était l'un des plus grands et puissants États d'Afrique.

L'état est connu par son nom historique, dérivé de son principal groupe ethnique et élite dirigeante, le Songhaï.

Sonni Ali a établi Gao comme la capitale de l'empire, bien qu'un état de Songhaï eût déjà existé autour de Gao depuis le 11ème siècle.

D'autres villes importantes de l'empire ont été Tombouctou et Djenné, conquis en 1468 et 1475 respectivement.

Initialement, l'empire a été gouverné par la dynastie de Sonni (vers 1464-1493), mais a été plus tard remplacé par la dynastie d'Askiya (1493-1591).

Au cours de la seconde moitié du 13ème siècle, Gao et la région environnante sont devenus un centre commercial important et ont attiré l'intérêt des voisins.

L'Empire du Mali avait conquis Gao de la fin du 13ème siècle jusqu'à la fin du 14ème siècle.

Après la chute du Mali, les Songhaïs ont réaffirmé le contrôle de Gao.

Les dirigeants de Songhai ont par la suite profité de l'affaiblissement du Mali pour étendre leur territoire.

Sous le règne de Sonni Ali, le Songhaï surpassa l'empire malien en richesse et en pouvoir, absorbant de vastes régions.

Son fils et successeur, Sonni Baru (1492-1493), était un souverain moins fortuné et a été renversé par Mohammed Touré ou Askia (1493-1528), l'un des généraux de son père, qui a institué des réformes dans tout l'empire.

Une succession de complots et de coups d'État forcèrent l'empire dans une période de déclin et d'instabilité.

Les parents d'Askia ont tenté de gouverner l'empire, mais le chaos politique et plusieurs guerres civiles ont assuré le déclin continu de l'empire, particulièrement pendant le règne impitoyable d'Askia Ishaq I (1539-1549).

Cependant, l'empire a connu une période de stabilité et une série de succès militaires pendant le règne d'Askia Daoud (1549-1583).

Ahmad al-Mansur, le sultan marocain à l'époque, exigeait des recettes fiscales des mines de sel de l'empire.

Askia Daoud a répondu en envoyant une grande quantité d'or comme cadeau lors d'une tentative d'apaiser le sultan.

Askia Ishaq II (1588-1591) est monté au pouvoir après une longue et à la suite de la mort d'Askia Daoud.

Il serait le dernier souverain de l'empire.

En 1590, al-Mansur profite de la récente guerre civile dans l'empire et envoie une armée sous le commandement de Judar Pacha pour conquérir le

Songhaï et prendre le contrôle des routes commerciales transsahariennes.

Après sa défaite désastreuse à la bataille de Tondibi (1591), l'empire Songhaï s'est effondré.

Le royaume de Dendi a succédé à l'empire comme la continuation de la culture et de la société Songhaï.

Songhaï pré-impérial

Dans les temps anciens il y avait plusieurs groupes différents de personnes qui ont formé collectivement l'identité Songhaï.

Parmi les premières personnes à s'installer dans la région de Gao se trouvaient les Sorkos, qui ont établi de petits villages sur les rives du fleuve Niger.

Les Sorkos fabriquaient des bateaux en bois, pêchaient, chassaient et assuraient le transport des marchandises et des personnes.

Un autre groupe de personnes de la région qui a exploité les ressources du Niger était le peuple Gow.

Les Gow étaient des chasseurs et se spécialisaient dans la chasse d'animaux comme le crocodile et l'hippopotame.

Un des groupes connus pour avoir habité la région étaient les Do.

Ce sont des agriculteurs qui cultivent les terres fertiles autour du fleuve.

Quelque temps avant le 10ème siècle, ces premiers colons ont établi le contrôle sur la région.

Tous ces groupes de peuples ont progressivement commencé à parler la même langue et leur pays est finalement devenu le Songhaï.

Dynasties pré-impériales

Dynastie Za

Cette dynastie a régné à la fin du 11ème siècle et au début du 12ème siècle et les princes de cette dynastie portaient le titre de Malik.

Le légendaire fondateur de la Za ou de la dynastie Za s'appelait Za Alayaman, originaire du Yémen et installé dans la ville de Kukiya.

Royaume pré-impérial

Les tribus de Sanhaja montées sur des chameaux étaient parmi les premières personnes de la région du Sahel.

Ils étaient connus localement sous le nom de Touareg.

Ces tribus sont sorties du grand désert du Sahara et ont établi des colonies commerciales près du Niger.

Au fil du temps, les négociants nord-africains ont traversé le Sahara et se sont joints aux Touaregs.

Comme le commerce dans la région augmentait, les chefs Songhai avaient pris le contrôle de ce qui allait devenir plus tard Gao.

Entre 750 et 950, alors que l'empire du Ghana prospérait à l'ouest, le centre commercial de Gao devint un terminal de plus en plus important pour le commerce à travers le Sahara.

Les marchandises commerciales comprenaient l'or, le sel, les esclaves, les noix de kola, le cuir et l'ivoire.

Au 10ème siècle, les chefs songhaïs avaient établi Gao comme un petit royaume, prenant le contrôle des gens vivant le long des routes commerciales.

Vers 1300, Gao est devenu si prospère qu'il a attiré l'attention de l'empire du Mali et de ses dirigeants.

Gao a ensuite été conquis par le Mali qui a profité du commerce et recueilli les impôts.

Les troubles politiques dans les terres du Mali ont rendu impossible le maintien du contrôle de Gao.

Sonni Ali

Sonni Ali fut le premier roi de l'Empire Songhaï et le 15ème dirigeant de la dynastie Sonni.

Sonni Ali a régné de 1464 à 1492, après la mort de Sulayman Dama.

Comme les rois de Songhaï avant lui, Ali était un musulman. À la fin des années 1460, il a conquis de nombreux états voisins du Songhaï, y compris ce qui restait de l'Empire malien.

Sonni Ali était considéré comme le plus formidable stratège militaire et conquérant de l'empire.

Sous son règne, Songhaï a atteint une taille de plus de 1.400.000 kilomètres carrés.

Au cours de ses campagnes d'expansion, Ali a conquis de nombreuses terres, repoussant les attaques des Mossis vers le sud et surmontant le peuple Dogon au nord.

Il a annexé Tombouctou en 1468, après que les dirigeants islamiques de la ville aient demandé son aide pour renverser les Touaregs qui avaient pris la ville après le déclin du Mali.

Cependant, Ali a rencontré une vive résistance après avoir occupé la ville riche et renommée de Djenné.

Après un siège de sept ans, il put l'intégrer dans son vaste empire en 1473.

L'invasion de Sonni Ali et de ses forces a causé des dommages à la ville de Tombouctou et Sonni a été décrit comme un tyran intolérant.

Quand Sonni Ali est entré à Tombouctou, il a brûlé la ville et brutalement torturé beaucoup de gens.

Sonni Ali a mené une politique répressive contre les savants de Tombouctou, en particulier ceux qui étaient associés aux Touaregs.

Avec son contrôle des routes commerciales critiques et des villes telles que Tombouctou, Sonni Ali a apporté une grande richesse à l'Empire Songhai, qui à son apogée dépasserait la richesse du Mali.

Sonni Ali est souvent connu comme un politicien puissant et un grand commandant militaire.

Sous son règne Djenné et Tombouctou sont devenus de grands centres du monde.

Culture

À son apogée, la ville Songhaï de Tombouctou est devenue un centre culturel et commercial prospère.

Les marchands arabes, italiens et juifs se sont réunis pour le commerce.

Un renouveau de la science islamique a également eu lieu à l'université à Tombouctou.

Cependant, Tombouctou n'était qu'une parmi une myriade de villes dans tout l'empire.

En 1500, l'Empire Songhaï couvrait plus de 1.4 million de kilomètres carrés.

Économie

Le commerce économique existait dans tout l'Empire, surtout en raison du stationnement de l'armée dans les provinces tout au long de l'empire.

Au centre de l'économie régionale se trouvaient des champs d'or indépendants.

Les Dioulas (marchands) formeraient des partenariats et l'Etat protégerait ces marchands et les villes portuaires du Niger.

L'économie de Songhai était basée sur un système de clan.

Les plus courants étaient les métallurgistes, les pêcheurs et les charpentiers.

Les participants des castes inférieures étaient principalement des immigrants qui travaillaient à l'extérieur de la ferme, qui jouissaient parfois de privilèges spéciaux et occupaient des postes importants dans la société.

Au sommet se trouvaient des nobles et des descendants directs du peuple Songhaï original, suivis par des hommes libres et des commerçants.

Au fond, les prisonniers de guerre et les esclaves européens étaient obligés de travailler, surtout dans l'agriculture.

Le système de travail essemblant aux syndicats modernes, l'empire possédait divers mécaniciens et artisans.

Justice

La justice de Songhaï était principalement basée, sinon entièrement, sur les principes islamiques, avec objectif principal de maintenir l'ordre en suivant la charia.

Les résultats des procès étaient annoncés par les griots et la punition pour la plupart des crimes était la confiscation des marchandises ou l'emprisonnement, car diverses prisons existaient dans tout l'Empire.

Le Quadi ou juge était nommé par le roi.

Les Qadis avaient aussi le pouvoir d'accorder un pardon ou d'offrir un refuge.

Les Assaras étaient des policiers dont le seul devoir était d'exécuter la peine.

Les juristes étaient principalement composés de représentants de la communauté universitaire.

Gouvernement

Les classes supérieures de la société se convertissaient à l'Islam tandis que les classes inférieures continuaient souvent à suivre les religions traditionnelles.

Les sermons soulignaient l'obéissance au roi.

Tombouctou était la capitale de l'éducation.

Sonni Ali a établi un système de gouvernement sous la cour royale, qui sera ensuite étendu par Askia Mohammed, qui a nommé des gouverneurs et des maires pour présider les états locaux, situés autour de la vallée du Niger.

Des taxes ont été imposées aux chefferies périphériques et aux provinces pour assurer la domination du Songhaï, et en retour, ces provinces ont reçu une autonomie quasi totale.

Les dirigeants de Songhaï ne sont intervenus dans les affaires des états voisins que lorsque la situation devenait volatile.

Chaque ville était représentée par des représentants du gouvernement, occupant des postes et des responsabilités similaires aux bureaucrates d'aujourd'hui.

Sous Askia Mohammed, l'Empire voit une centralisation accrue. Il a encouragé l'éducation à Tombouctou en récompensant ses professeurs avec des pensions importantes.

Mohammed a apporté beaucoup de stabilité à Songhaï.

Déclin

Après la mort de l'empereur Askia Daoud, une guerre civile de succession affaiblit l'Empire, conduisant le Sultan Ahmed I de la dynastie Saadi du Maroc à envoyer une force d'invasion.

Les coffres marocains étaient au bord de l'épuisement économique et de la faillite.

Après une marche à travers le désert du Sahara, les forces de Judar ont capturé, pillé et rasé Taghaza et Gao.

Lorsque l'empereur Askia Ishaq II (1588-1591) rencontra Judar à la bataille de Tondibi en 1591.

Les forces de Songhaï, en dépit du nombre considérablement supérieur, furent mises en déroute par Judar qui a procédé à la mise à sac de Gao, Tombouctou et Djenné, détruisant le Songhai.

Le peuple de Songhai a ensuite établi le Royaume de Dendi.

Le peuple Songhaï

Le peuple songhaï est un groupe ethnique d'Afrique de l'Ouest qui parlent la langue Songhaï.

Leur histoire et langue est liée à l'Empire Songhaï qui a dominé le Sahel occidental au 15ème et 16ème siècle.

Les Songhaïs se trouvent principalement au Mali, dans la région sudanique occidentale.

Le Songhaï n'est historiquement ni une désignation ethnique ni une désignation linguistique, mais un nom pour la classe dirigeante de l'Empire.

Les locuteurs au Mali l'ont adopté comme le principal nom de l'ethnie, mais d'autres groupes parlant Songhaï s'identifient par d'autres termes ethniques tels que le Zarma ou Djerma, le plus grand sous-groupe du Songhaï.

Le dialecte de Koyraboro Senni parlé à Gao est intelligible pour les locuteurs du dialecte zarma du Niger.

Les langues Songhaï sont communément considérées comme Nilo-sahariennes, mais cette classification reste controversée.

Origines

C'est à partir de l'une des anciennes conquêtes du Mali, le royaume de Gao, que le dernier empire majeur du Soudan occidental a émergé.

Bien que la ville de Gao ait été occupée par une dynastie Songhaï avant d'être conquise par les forces de Mansa Musa en 1325, ce n'est que bien plus tard que l'empire songhaï est apparu.

L'empire a vu sa montée prééminente sous le stratège militaire du roi Songhaï influent Sonni Ali.

Le peuple était constitué principalement de pêcheurs et de commerçants. Après la mort de Sonni Ali, les factions musulmanes se sont rebellées contre son successeur et ont installé le général Soninké ou Askia Mohammed (autrefois Mohammed Touré) qui devait être le premier et le plus important souverain de la dynastie Askia (1492-1592).

Après Askia Mohammed, l'empire a commencé à s'effondrer.

Société et culture

La langue, la société et la culture du peuple songhaï se distingue à peine du peuple zarma.

Le peuple Zarma est un grand sous-groupe ethnique du Songhaï.

Cependant, les deux groupes se considèrent comme deux ethnies différentes.

Stratification sociale

Il existait trois catégories: libres (chefs, fermiers et éleveurs), serviles (artistes, musiciens et griots) et la classe des esclaves.

Les serviles devaient être socialement endogames, tandis que les esclaves pouvaient être émancipés.

Les membres du plus haut niveau social sont les descendants du roi Sonni 'Ali.

Dans le système social stratifié, le système des mariages polygynes est une norme, les partenaires privilégiés étant les cousins.

Cette endogamie chez les Songhaï-Zarma est semblable à d'autres groupes ethniques d'Afrique de l'Ouest.

Moyens de subsistance

Les Songhaïs cultivent les céréales et élèvent de petits troupeaux de bovins.

Ils ont traditionnellement été l'un des principaux groupes ethniques ouest-africains associés au commerce des caravanes.

Dynastie Za

La dynastie Za ou la dynastie Zuwa étaient les chefs de Songhai basé dans les villes de Koukiya et Gao sur le fleuve Niger, dans ce qui est aujourd'hui le Mali moderne.

Les souverains de la dynastie Za

Alayaman

Zakoi

Takoi

Ikoi

Kou

Ali Fay

Biya Koumaye

Bi Baie

Karaye

Yama Karawaye

Youma Dounkou

Youma Kibou

Koukoura

Kinkin

Kousoya

Kousur Dari

Hin Koun Wounka Doum

Biyaye Koi Kima

Koye Kimi

Nunta Sanaye

Biyaye Kayna Kinba

Kayna Shinyounbou

Tib

Yama Dao

Fadazaw

Ali Kour

Ber Falakou

Yasiboy

Dourou

Zounkou Barou

Bisi Barou

Bada

L'Empire de Gao

L'Empire de Gao précède celui de Songhaï dans la région du Niger. Il doit son nom à la ville de Gao située à l'est du Niger.

Au 9ème siècle de notre ère, il fut considéré comme le royaume le plus puissant de l'Afrique de l'Ouest.

Origines

Au 9ème siècle, Gao était déjà une importante puissance régionale avec son royaume des Kawkaw, le plus grand des royaumes du Soudan, le plus important et le plus puissant.

Tous les autres royaumes obéissent à son roi. Kawkaw est le nom de sa ville capitale.

Outre cela il y a un certain nombre de royaumes dont les princes lui prêtent allégeance et reconnaissent sa souveraineté, bien qu'ils soient des rois sur leurs propres terres.

Il existait une route de caravane qui partait de l'Egypte à l'ancien Ghana via Kawkaw. Cette ancienne route a été abandonnée sous le règne du prince égyptien Ibn Touloun (868-884) lorsque certaines des caravanes avaient été attaqués par des bandits.

Histoire islamique de Gao

Au 10ème siècle, Gao était déjà musulman.

Il y avait une ville sur le long du fleuve Niger, sur la rive orientale, appelée Sarnah où des marchés et des maisons de commerce existaient.

Gao avait une grande mosquée, le terrain communal de prière est entre les villes.

Au 10ème siècle, Gao était situé du côté de Gourma (la rive occidentale) du fleuve.

Parmis les 32 dirigeants de la dynastie Zuwa, Zuwa Kusoy a été le premier à se convertir à l'islam.

Déclin de l'Empire de Gao

Vers la fin du 13ème siècle Gao a perdu son indépendance et est devenu une partie de l'Empire du Mali. En 1353, la ville faisait déjà partie de l'Empire du Mali.

Bataille de Tondibi

La bataille de Tondibi a lieu le 12 mars 1591.

C'est une bataille capitale dans l'histoire de l'Afrique de l'Ouest précoloniale.

Elle oppose les armées de l'Empire Songhaï, dont la capitale est Gao, au corps expéditionnaire commandé par le sultan saadien du Maroc Ahmed IV el-Mansour.

L'artillerie marocaine concoure de manière décisive à la défaite des armées songhaï, même si les dissensions internes de l'empire songhaï.

La défaite des armées songhaï marque également la fin des grands empires multi-ethniques en Afrique de l'Ouest. Elle entraîne l'atomisation politique du Soudan mais marque aussi le début de l'enracinement de l'Islam dans les couches rurales et populaires du bassin du fleuve Niger.

Contexte

La crise de l'Empire songhaï : une crise économique doublée d'une crise politique

Les grands empires soudanais du Moyen Âge (Ghana, Mali, Songhaï) vivent essentiellement du commerce transsaharien, organisant les flux de sel et d'or vers le Maghreb et l'Europe, via les réseaux de commerce arabe et italiens installés dans les villes marchandes du littoral méditerranéen.

Car si le Nord à soif d'or, il y a une faim de sel au Sud.

Les empires soudanais exercent sur l'imaginaire arabe et européen un fort attrait essentiellement par l'abondance d'or.

Les souverains soudanais apparaissent souvent dans l'iconographie entourés d'or.

Les marchands arabes et italiens descendent parfois très profondément dans le Sahara jusqu'aux dernières villes caravanières berbères juste avant les pistes et les oasis.

L'Empire songhaï, comme ses prédécesseurs, sert en particulier de plaque tournante entre les mines aurifères de la savane arborée, au Sud du Sahel

(Mines du Bambouk le long du Sénégal, de Bure entre les affluents du Niger, au Sud de Niani, et en pays Akan) et les marchands arabes du Maghre.

L'or est loin d'être la seule marchandise commercialisée via les empires soudanais: les esclaves et les noix de kola, les peaux d'antilopes et même d'hippopotames qui permettent la confection de boucliers légers et extrêmement résistants sont également convoyés.

Dans le dernier quart du xvie siècle, le sel est produit dans les mines de Teghazza et Taoudéni.

Le contournement par les Portugais du Cap Bojador (1434) puis l'installation des Européens dans les comptoirs du Golfe de Guinée, (Comme São Jorge da Mina, 1476), détournent progressivement une partie des flux aurifères vers le Sud, ce qui a pour conséquence une diminution des recettes fiscales du Songhaï.

Plus encore, l'arrivée massive de métaux précieux d'Amérique, l'or des cités Mexicas du Mexique conquis par Hernàn Cortès (1521) puis l'argent des mines des Andes après la conquête de l'Empire incas par Pizarro (1534), entraîne la baisse de la demande de l'or africain.

L'économie fondée sur le commerce de l'or décline, les ressources du Songhaï en sont directement affectées: l'économie mondiale se détourne lentement de l'Afrique soudanaise dont le rôle de pourvoyeur de métaux précieux est sur le point de disparaitre.

L'Empire songhaï sort également d'une longue guerre civile qui a entraîné la fracture de toute la province de l'Ouest, située autour de Djenné.

À la mort d'Askia Muhammad III (1586), une guerre civile éclate entre une faction établie à Tombouctou, regroupée autour du Balama Al Saddik, prince du sang, frère du défunt, et une faction légitimiste regroupée à Gao, la capitale politique, autour d'abord de Mohammed IV Bâno (1586-1588) puis de l'Askia Ishaq II (1588).

Proclamé Askia à Tombouctou, Al Saddik est vaincu par Ishaq II devant la ville de Gao en 1588.

La campagne de répression est féroce et si l'unité de l'empire est formellement rétablie, une cassure idéologique s'est faite au sein de la famille régnante: le Kouroumina (Ensemble des provinces situées au Sud de Tombouctou, dans la boucle du fleuve Niger, légèrement en aval du delta intérieur) se désolidarise.

Les princes du sang impliqués dans la révolte sont prêts à un renversement d'alliance.

Pendant que l'Empire songhaï est entré en pleine turbulences politique et économique, le Maroc est entré dans une phase d'essor géopolitique spectaculaire incarné par la dynastie des sultans saadiens (1549-1660).

La tentative de croisade portugaise (Bataille des trois rois, Ksar el-Kébir, 1578) a échoué et les rivalités politiques internes sont en voie d'apaisement.

La monarchie peut ambitionner à la fois la vassalisation du Sahara et du Sahel et envisager d'exporter la violence latente aux frontières en envoyant dans le Songhaï vassalisé les populations les plus remuantes du royaume.

L'intérêt premier reste l'appât du gain: la mainmise sur le commerce du sel et les profits qu'il génère, le trésor songhaï.

Pourtant, Ahmed IV el-Mansour souhaite aussi s'emparer des flux du commerce des esclaves, car les cultures de cannes à sucre, qu'il développe, nécessitent une importante population.

Si les motivations d'Ahmed el-Mansour sont d'abord d'ordre économiques, l'ambition du sultan saadien sont aussi d'ordre spirituel et qu'il souhaite établir un califat sur l'ensemble du Soudan, rivalisant avec le Califat ottoman basé à Istanbul.

Cependant, l'essor marocain se heurte à deux dynamiques géopolitiques concurrentes.

D'une part celle des Portugais qui, à travers l'empire Wolof du fleuve Sénégal, tentent, sans succès, d'atteindre Tombouctou (1565).

Si au xvie siècle les tentatives portugaises d'annexion des royaumes wolof se heurtent à une vive résistance, leur présence ancienne sur les côtes de l'actuelle Mauritanie se renforce en Gambie.

Des flux d'or et d'esclaves de plus en plus importants sont drainés vers la côte, échappant à la fois à l'empire déclinant du Mali, mais aussi aux ports caravaniers du Maghreb.

La raréfaction de l'or soudanais menace la stabilité des États maghrébins dont le monnayage est en or et qui ne profitent pas immédiatement des afflux d'or américain, comme c'est le cas de l'Europe de l'Ouest.

Les Saadiens dont la politique régionale et le maintien de l'ordre intérieur nécessitent des sommes importantes sont directement concernés.

D'autre part, l'Empire ottoman effectue une série d'expéditions armées au cœur du Sahara: Salah Raïs (1552) sur Ouargla, Djafer Pacha sur le Fezzan (1557) dans le sud libyen et celle plus menaçante de Hasan Veneziano sur le Touât (1579) et ses oasis.

Les relations avec l'Empire ottoman sont par ailleurs exécrables (Conflit maroco-ottoman) et ambiguës depuis la montée au pouvoir de la dynastie.

La conquête du Songhaï est donc inévitable mais aussi la volonté d'el-Mansour de partir vers le Sud.

Le sultan saadien el-Mansour hérite largement de la guerre entre le royaume saadien et l'Empire songhaï autant qu'il ne l'accentue.

La guerre commence au milieu du 16ème siècle par une série de raids armés sur les périphéries des deux États, les Saadiens faisant razzier Teghazza et ses mines de sels, et les askias lançant leurs alliés touaregs contre les marocains.

En 1547, les armées marocaines effectuent un raid sur la mine de sel de Teghazza, raid sans lendemain et qui ne débouche sur aucune occupation.

Dix ans plus tard, en 1556, les Marocains s'emparent de Teghazza, la grande mine de sel administrée par les Songhaïs mais exploitée par des populations touarègues.

L'askia régnant Daouda (1549-1583) entame une épreuve de force et lance des raids sur les marges du royaume marocain.

Un accord est trouvé avec le sultan marocain, pour le paiement d'une redevance prélevée par les taxes perçues sur le commerce du sel de Teghazza.

Les troupes marocaines, déjà deux cents fusiliers, se retirèrent de Teghazza.

Mais les populations touarègues qui exploitaient les mines de sel de Teghazza se replièrent à l'intérieur des terres du Songhaï (1583) quand les Marocains s'emparèrent définitivement des mines (1582-1586).

Les Touaregs fondent un nouveau complexe minier deux cent kilomètres au Sud, à Taoudéni.

Le complexe minier de Teghazza tombe en ruine, faute de main d'œuvre servile et les revenus marocains s'effondrent.

À partir de 1582, el-Mansour entame une série d'expéditions pour sécuriser les marges sahariennes de son empire.

En 1583, le Sultan du Kanem-Bornou, Idriss Alawoma, sollicite l'aide d'el-Mansour contre un acte d'allégeance.

L'expédition marocaine sur les marges ouest de l'Empire songhaï contribua en effet à attirer l'attention des dignitaires Songhaï, entraînant une dispersion des forces soudanaises le long des berges du fleuve Niger.

L'expédition du Soudan

L'expédition du Soudan est le nom donné par la chancellerie saadienne à l'invasion et à la destruction de l'Empire songhaï par le corps expéditionnaire de Djouder Pacha en 1591.

La première mention d'une conquête du Songhaï faite par el-Mansour a lieu devant les oulémas de Marrakech vers 1586.

La réaction hostile des oulémas, qui soulignent les dangers d'une telle entreprise, oblige el-Mansour à différer son projet.

Près de quatre ans plus tard, el-Mansour a réuni un corps expéditionnaire, essentiellement constitué de mercenaires : des Andalous et des Grenadins, les uns chrétiens et les autres musulmans.

Ils servent d'arquebusiers et sont organisés à la manière turque en 170 tentes de 20 soldats, soit près de 3500 hommes.

Les accompagnent des fantassins (2000 piquiers environ) et peut-être 1500 cavaliers en tout.

Une artillerie des mercenaires appuie l'ensemble du corps expéditionnaire: six pièces d'artillerie de campagne et une dizaine de mortiers à boulets de pierre achetés en Angleterre auprès de la reine Élisabeth I.

L'intendance est assurée par un train chamelier (8000 dromadaires conduits par 1000 chameliers) et de 1000 chevaux.

Le sultan el-Mansour a également fait construire des galiotes et des felouques, en pièces détachées, destinées à être remontées sur le fleuve Niger.

Si l'objectif immédiat est la destruction du Songhaï, el-Mansour vise toujours à contrer l'expansionnisme portugais le long du fleuve Sénégal.

La mise en place d'une flotte fluviale était une autre stratégique.

Par ailleurs le fleuve Niger n'est pas encore identifié comme un cours d'eau différent du Nil d'Égypte.

En tout, le corps expéditionnaire est évalué à 22000 hommes.

Les auteurs contemporains sont plus réservés, peut-être 8000 hommes en comptant les servants et les conducteurs de train.

Le commandement de la première colonne est confié à un affranchis du sultan de Marrakech, Djouder Pacha, un natif de Las Cuevas en Espagne.

Djouder est exécuté en 1604 par Moulay Abdallah, qui sort victorieux de la guerre civile.

L'armée Songhaï

On peut en déduire que les askias pouvaient en théorie mobiliser 40 000 combattants.

Le Songhaï disposait en effet de trois corps d'armée permanents de près de 4600 hommes chacun ; un dans le Kourmina sous le commandement de Balama, un autre à Gao sous le commandement de l'askia et un autre dans le Dendi, la région située en aval de Koukya, la capitale religieuse et historique du Songhaï.

Ce corps d'armée situé sur la frontière sud-est de l'Empire était le moins puissant des trois.

Le reste de l'armée songhaï était constitué de 2000 pirogues commandées par l'un des principaux dignitaires de l'Empire.

Des contingents des royaumes voisins constituaient le gros des troupes: Mossi, Dendi et Macina fournissaient l'infanterie.

Or l'arrivée des Marocains coupe l'Empire en deux, privant l'askia Ishaq II du corps d'armée du Kourmina et d'une partie de sa flotte.

La guerre civile qui avait divisé l'Empire, avait aussi divisé l'armée en deux, l'askia Ishaq II ne pouvait mobiliser les forces de l'Ouest dont les quartiers généraux étaient à Tombouctou et à Djenné, soit derrière les lignes de Djouder.

Lorsque le corps expéditionnaire de Djouder Pacha arrive à Tondibi (la Pierre noire en songhaï, à 50 km en amont de Gao, un affleurement rocheux sur les berges du fleuve), l'armée de l'Askia Ishaq II est déjà solidement installée.

Les Songhaïs ont édifié des murs de défense en banco doublant les épineux qui bordaient l'enclos de pâture.

L'infanterie songhaï est placée derrière le mur de défense.

Le corps expéditionnaire marocain adopte la tactique de déploiement autour de l'artillerie et de l'état-major placés au centre du dispositif.

La bataille de Tondibi va durer toute la journée, la défense des Songhaïs étant qualifiée de résistance héroïque : les premiers engagements commencent en fin de matinée et les troupes songhaï quittent le champ de bataille avant la nuit.

Les Marocains ouvrent la bataille par une série d'engagements de cavalerie sur les ailes, destinés à empêcher l'armée songhaï de se déployer.

Ensuite les Marocains ouvrent le feu avec l'artillerie détruisant les murets de fortifications qui protègent l'infanterie songhaï.

En conséquence, devant la puissance de feu de l'armée marocaine, une attaque frontale est décidée par les dignitaires songhaï contre le centre du dispositif marocain.

Mais la mitraille des mousquets et les canons affolent le bétail qui est décimé et se retourne contre les masses d'infanterie disposées en arrière, piétinant les guerriers songhaïs.

Devant l'échec de l'attaque et prenant la mesure de la puissance de feu de l'artillerie marocaine, un vif débat s'engage entre les dignitaires songhaïs dont les principaux ministres qui demandent le départ du champ de bataille de l'askia Ishaq II.

Les princes du sang et les nobles veulent continuer l'attaque et demandent que l'askia reste, mais l'option des principaux ministres est choisie et l'askia quitte le champ de bataille.

La contre attaque de la cavalerie marocaine et des archers marocains refoule la cavalerie songhaï.

En fin d'après-midi l'armée songhaï s'est repliée sur la route de Gao où elle se regroupe progressivement.

L'infanterie marocaine atteint le centre songhaï et les soldats de Djouder Pacha s'emparent ensuite des bracelets et des parures d'or des guerriers et des cavaliers laissés.

Conséquences

Les conséquences politiques : destruction de l'Empire songhaï.

La défaite de Tondibi n'est pas la dernière bataille que les Songhaïs livrent aux Marocains, mais elle provoque l'explosion du gouvernement songhaï et la fin de l'emprise des Songhaïs sur la vallée du fleuve Niger.

Coupé en deux avec l'installation des Marocains à Tombouctou (avril 1591), l'Empire est dirigé par deux askias, un nommé par les dirigeants de Tombouctou et un autre par le Dendi, au Sud de Koukya, la capitale religieuse des Songhaï et le foyer historique du royaume de Gao.

La défaite militaire signe donc l'effondrement d'une civilisation, brusquement expulsée de son foyer originel et contrainte à un long exode de près de 500 kilomètres sur l'aval du fleuve Niger.

La capitale est transférée de Gao au Mali vers diverses localités au Niger.

Les empereurs ne règnent plus que formellement sur la partie méridionale de l'Empire songhaï, le Dendi.

L'empire songhaï ne s'en remettra jamais et aucun empire ouest-africain de cette taille ne renaîtra même si l'on trouve par la suite : le royaume bambara de Ségou et celui du Kaarta fondé par les Coulibaly ; l'Empire peul du Macina de Sékou Amadou ; l'Empire toucouleur d'El Hadj Oumar Tall.

À partir de 1599, les forces d'occupation marocaines ne comptent plus de mercenaires européens, tous rapatriés au Maroc.

La douane marocaine installe des postes jusqu'à Djenné en amont du Niger, à l'entrée des méandres du Macina.

Les cadis sont nommés par les Pachas de Tombouctou et accompagnés par des soldats marocains, les « Arma », quand les troubles sont importants.

Les Marocains ne sont pas les seuls à avoir contribué à l'atomisation politique du Soudan nigérien.

À la même époque l'Empire du Mali, dont la capitale, longtemps itinérante, s'était fixée à Niani en amont du fleuve Niger, s'effondre aussi sous les assauts des Peuls Toucouleurs de la vallée du fleuve Sénégal.

Les différentes composantes de l'Empire songhaï défunt prennent leur indépendance: les populations nomades sont les premières bénéficiaires de l'effondrement de l'Empire du Songhaï.

Les populations peules, longtemps coincées entre les grandes composantes géopolitiques de la région (Wolof de la Sénégambie, du Mali et de Songhaï) commencent leur émergence politique.

Les confédérations touarègues prennent aussi leur indépendance et dès le milieu du 18ème siècle, ils rivaliseront avec les Pachas de Tombouctou.

L'atomisation politique du Soudan laisse donc la place à de nouvelles constructions politiques, moins étendues certes, mais fondées sur une conception inclusive de l'Islam politique.

Cependant la destruction de l'Empire songhaï, la disparition de son administration et la fragmentation politique de la vallée du Niger ont des conséquences sanitaires et sociales immédiates très lourdes.

La généralisation de la violence et de l'insécurité,

Plus tragiquement encore, les maladies et les sécheresses, avec leur lot de famines, s'accélèrent.

La peste ravageait déjà le bassin du Niger depuis 1588. Une longue famine de 1616 à 1619 a été déclenchée par des inondations.

Entre 1639 et 1643, une nouvelle famine déclenchée par la sécheresse entraîna un grand nombre de morts.

Au 18ème siècle, des villes comme Araouane étaient désertées. La population des villes avait été diminué de 50%, et ce jusqu'aux marges des pays wolof et haoussa.

Les conséquences économiques : la ruine du commerce transsaharien

La ruine de Tombouctou est attribuée à la destruction du Songhaï par le corps expéditionnaire de Djouder Pacha.

La valeur des échanges entre le Soudan et le Maghreb, plus particulièrement le Maroc, s'est en effet amoindrie essentiellement du fait de la concurrence des comptoirs européens du Sénégal et de Gambie qui drainaient à eux une part importante des produits.

Le point le plus important est la diminution relative de la valeur globale des marchandises qui transitaient par les villes caravanières du fleuve Niger (Gao, Tombouctou, Djenné).

Gao qui perd son statut de capitale politique, retrouve son rôle de plaque tournante commerciale régionale.

De la même manière, la fin de la tutelle songhaï permet l'essor des cités haoussa comme Kano et Sokoto. Le haoussa devient la langue de communication du Soudan.

Le commerce saharien n'est donc pas tant ruiné que réorganisé, dynamisé sur ses marges, de Djenné aux embouchures du Sénégal et de la Gambie, et autour du Lac Tchad, et surtout recomposé, laissant les vieux produits issus du commerce médiéval pour se focaliser sur les matières premières compatibles la demande européenne.

Cependant, si la valeur globale de ce commerce s'est réduite, l'importation de produits de luxe en provenance du Maghreb et à destination des rives du fleuve Niger montre aussi l'existence d'une communauté arabe.

Les conséquences religieuses : la seconde islamisation du Soudan, la diffusion de l'Islam au sein des masses rurales

La destruction de la civilisation songhaï et la ruine de ses villes phare comme Gao entraîne un exode des lettrés musulmans.

Le plus connu reste Ahmed Baba, déporté à Marrakech, et qui étonne par la profondeur de son savoir et de sa sagesse religieuse.

Mais si le destin d'Ahmed Baba est essentiellement urbain, la plupart des lettrés s'exilent dans des villes modestes de la savane où ils fondent des pôles maraboutiques, ce qui permet une islamisation des campagnes.

L'Islam sort des villes et gagne les campagnes.

Au milieu du 18ème siècle, les royaumes animistes comme celui du Mossi autour de Ouagadougou (Actuel Burkina Faso) sont islamisés.

C'est ce qu'on appelle par la seconde islamisation du Soudan.

Raisons de la défaite songhaï

Si la défaite de Tondibi n'est pas la dernière bataille livrée par les askias, la défaite a un retentissement important, ouvrant par exemple les portes de Tombouctou à Djouder Pacha qui s'y installe le 25 avril, rasant les quartiers centraux pour y bâtir la Casbah marocaine.

La défaite du Songhaï s'explique par la suprématie des Marocains qui etaient dotés d'armes à feu.

Histoire de Tombouctou

Au début du 12ème siècle, après le changement des routes commerciales, Tombouctou a prospéré grâce au commerce du sel, de l'or, de l'ivoire et des esclaves.

Elle est devenue une partie de l'Empire du Mali au 14ème siècle.

Dans la première moitié du 15ème siècle, les tribus touaregs ont pris le contrôle de la ville pendant une courte période jusqu'à ce que l'expansion Songhaï absorbe la ville en 1468.

L'armée marocaine a vaincu le Songhai en 1591, et a fait de Tombouctou plutôt que de Gao, la nouvelle capitale.

Préhistoire

Comme Djenné et Gao, Tombouctou est une ville médiévale importante de l'Afrique de l'Ouest.

Le site a été occupé pour la première fois au cours du 5ème siècle avant Jésus-Christ et a prospéré tout au long de la deuxième moitié du 1er millénaire de notre ère et s'est finalement effondré au cours de la fin du 10ème ou au début du 11ème siècle après Jésus-Christ.

Après cette époque, Tombouctou et Gao faisaient partie de l'empire du Mali.

Origines

Les Touaregs sont les fondateurs de Tombouctou et la ville a grandi comme un lieu de réunion pour les voyageurs.

C'est clair que la ville provient du commerce local entre les éleveurs sahariens dans le delta du fleuve Niger.

Pendant le douzième siècle, les restes de l'empire du Ghana ont été envahis par le roi Sosso Soumaoro Kanté.

Les érudits musulmans de Oualata ont fui à Tombouctou et ont solidifié la position de l'Islam, une religion qui s'est progressivement propagée à travers l'Afrique occidentale, principalement pendant les contacts commerciaux.

L'islam n'était pas uniforme à l'époque, sa nature changeait de ville en ville et le lien de Tombouctou avec la religion a été renforcé par son ouverture aux étrangers qui a attiré les savants religieux.

Tombouctou fut pacifiquement annexé par le roi Moussa I au retour de son pèlerinage à La Mecque en 1324.

La ville est devenue une partie de l'Empire du Mali et Moussa I a ordonné la construction d'un palais royal et de la Mosquée Djinguareyber.

En 1375, Tombouctou apparut dans l'Atlas catalan, montrant que c'était alors un centre commercial lié aux villes nord-africaines et avait attiré l'attention de l'Europe.

Le Règne des Touaregs et l'Empire Songhaï

La puissance de l'Empire du Mali diminuant dans la première moitié du 15ème siècle, Tombouctou est devenu relativement autonome, bien que les Touaregs eussent une position dominante.

Trente ans plus tard, l'Empire Songhaï grandissant se développa, absorbant Tombouctou en 1468.

La ville fut dirigée successivement par Sonni Ali Ber (1468-1492), Sonni Baru (1492-1493) et Askia Mohammed I (1493-1528).

Avec Gao la capitale de l'empire, Tombouctou jouissait d'une position relativement autonome.

Les marchands de nombreuses autres villes d'Afrique du Nord se sont rassemblés là pour acheter l'or et les esclaves en échange du sel, des vêtements et des chevaux d'Afrique du Nord.

Le leadership de l'Empire est resté dans la dynastie Askia jusqu'en 1591, lorsque les combats internes ont affaibli l'emprise de la dynastie et conduit à un déclin de la prospérité.

Conquête marocaine

Après la bataille de Tondibi, la ville a été capturée le 30 mai 1591 par une expédition de mercenaires.

Ils ont été envoyés par le dirigeant Saadi du Maroc, Ahmed I al-Mansur, et ont été dirigés par le musulman espagnol Judar Pacha à la recherche de mines d'or.

Le déclin de la ville a continué, avec l'augmentation des routes commerciales trans-atlantiques et le transport des esclaves africains.

Les Touaregs ont temporairement pris le contrôle en 1737 et pendant la fin du 18ème siècle.

Cela a changé en 1826, quand l'empire de Massina a repris le contrôle de la ville jusqu'en 1865, quand ils ont été chassés par l'Empire Peul ou Toucouleur.

Explorateurs européens

Dans la première moitié du 16ème siècle, plusieurs individus et organisations européennes ont fait de grands efforts pour découvrir Tombouctou et ses richesses fabuleuses.

Période coloniale française

Après la Conférence de Berlin de 1885, Tombouctou est devenu un territoire français et le principe d'occupation oblige la France à signer des accords avec les chefs locaux pour exploiter la zone économiquement.

Le 15 décembre 1893, la ville, longtemps déjà très ancienne, fut annexée par un petit groupe de soldats français, dirigés par le lieutenant Gaston Boiteux.

Tombouctou est devenu une partie du Soudan Français, une colonie de la France.

La colonie a été réorganisée et le nom a changé plusieurs fois pendant la période coloniale française.

En 1899, le Soudan français a été subdivisé et Tombouctou est devenu une partie du Haut-Sénégal et du Moyen-Niger.

En 1902, le nom devint Sénégambie et Niger.

La Seconde Guerre mondiale

Pendant la Seconde Guerre mondiale, plusieurs légions ont été recrutées au Soudan français, certaines venant de Tombouctou.

Une soixantaine de marins marchands britanniques furent détenus dans la ville pendant la Seconde Guerre mondiale.

Indépendance

Après la Seconde Guerre mondiale, le gouvernement français sous Charles de Gaulle accorda à la colonie de plus en plus de liberté.

Après une période de courte durée dans le cadre de la Fédération Malienne, la République du Mali a été proclamée le 22 septembre 1960.

Aujourd'hui, le canal qui relie la ville au fleuve Niger a été rempli de sable du désert. Des sévères sécheresses ont frappé la région du Sahel entre 1973 et 1985, rassemblant la population touarègue autour de Tombouctou.

Le niveau d'eau du Niger a chuté avec l'arrivée des navires de transport et de commerce de nourriture.

La crise a poussé de nombreux habitants de la région de Tombouctou vers l'Algérie et la Libye.

Ceux qui sont restés se sont appuyés sur des organisations humanitaires telles que l'UNICEF pour l'alimentation et l'eau.

Tombouctou aujourd'hui

Malgré son histoire illustre, le Tomtouctou moderne est une ville pauvre du Tiers-monde.

La population a connu une croissance moyenne de 5.7% par an, passant de 29.732 en 1998 à 54.453 en 2009.

Capitale de la septième région du Mali, la région de Tombouctou, Tombouctou est le siège du gouverneur.

Les problèmes actuels concernent les sécheresses et les inondations, ces dernières étant causées par un système de drainage insuffisant qui ne permet pas de transporter l'eau de pluie directement au centre de la ville.

Le changement de la configuration des pluies en raison du changement climatique et de l'utilisation accrue de l'eau pour l'irrigation dans les régions environnantes a conduit à la pénurie d'eau.

Géographie

Tombouctou se trouve au sud du désert du Sahara, à 15 km au nord du fleuve Niger.

Le port de Kabara se trouve à 8 km au sud de la ville et est relié à un bras de la rivière par un canal de 3 km.

L'inondation annuelle du fleuve Niger est due aux fortes précipitations. La pluviométrie dans ces régions atteint son sommet en août mais les inondations prennent du temps à passer le long du fleuve et à travers le delta intérieur du Niger.

Climat

Tombouctou dispose d'un climat chaud et désertique selon la classification climatique mondiale.

Le temps est chaud et sec pendant la majeure partie de l'année.

Les températures maximales journalières moyennes dans les mois les plus chauds de l'année, avril, mai et juin, dépassent 42 ° C.

Les températures les plus basses se produisent pendant la saison sèche de décembre, janvier et février.

Cependant, les températures maximales moyennes ne descendent pas en dessous de 30 ° C.

La saison sèche se caractérisent par un vent sec et poussiéreux soufflant de la région sahélienne: ce vent limite la visibilité et a été baptisé Harmattan.

Économie

La richesse et l'existence même de Tombouctou dépendent de sa position de terminus du commerce transsaharien.

De nos jours, les seuls produits qui sont régulièrement transportés à travers le désert sont des plaques de sel apportées du centre minier de Taoudenni au centre du Sahara. 664 km au nord de Tombouctou.

Jusqu'à la seconde moitié du 20ème siècle, la plupart des dalles ont été transportées par de grandes caravanes, l'un quittant Tombouctou en début novembre et l'autre fin mars.

Les caravanes de plusieurs milliers de chameaux durèrent trois semaines dans chaque sens, transportant la nourriture aux mineurs et revenant avec chaque chameau chargé de quatre ou cinq morceaux de sel de 30 kg.

Le transport du sel était en grande partie contrôlé par les nomades du désert de la tribu arabophone des Berabiches.

Entre les 12ème et 14ème siècles, la population de Tombouctou a augmenté considérablement en raison de l'afflux des Touaregs, Peuls et Songhais.

En 1300, la population a augmenté de 10.000 habitants et a continué à augmenter jusqu'à ce qu'elle atteigne environ 50.000 habitants dans les années 1500.

Agriculture

Il n'y a pas suffisamment de précipitations dans la région de Tombouctou pour l'agriculture et les cultures sont donc irriguées à partir de l'eau du fleuve Niger.

La principale culture agricole est le riz.

Le riz a traditionnellement été cultivé dans les régions inondées autour du fleuve Nigerpen.

Les semences sont semées au début de la saison des pluies (juin-juillet) et les plantes poussent jusqu'à trois mètres de hauteur.

Le riz est récolté en décembre.

La procédure est très précaire et les rendements sont faibles.

Tourisme

La plupart des touristes visitent Tombouctou entre novembre et février lorsque la température de l'air est plus basse.

Événements culturels

L'événement culturel le plus connu est le Festival au Désert.

Site du patrimoine mondial

En décembre 1988, le Comité du patrimoine mondial de l'UNESCO a sélectionné certaines parties historiques de Tombouctou pour une inscription probable sur sa liste du patrimoine mondial.

Centre d'apprentissage

Tombouctou était un centre mondial d'apprentissage islamique au 13ème et 17ème siècles, particulièrement sous l'Empire du Mali et le règne d'Askia Mohammed I.

Un commerce actif de livres entre Tombouctou et d'autres parties du monde islamique et le soutien de l'Empereur Askia Mohammed ont mené à l'écriture de milliers de manuscrits.

Aujourd'hui, trois madrasahs de 25 000 étudiants forment l'Université de Tombouctou : Djinguareyber, Sidi Yahya et Sankore.

Ces institutions étaient explicitement religieuses, par opposition aux programmes plus laïques des universités européennes modernes.

Langue

Bien que le français soit la langue officielle du Mali, aujourd'hui, la grande majorité des habitants de Tombouctou parle les langues Songhaïs.

L'arabe, introduit avec l'islam pendant le 11ème siècle, a été principalement la langue de la religion, comparable au latin dans le christianisme.

Bien que le Bambara est la langue la plus parlé du Mali, le peuple Bambara est principalement localisé au sud du pays.

Avec l'amélioration de l'infrastructure accordant à Tombouctou l'accès aux grandes villes du Sud du Mali, l'utilisation du Bambara a augmenté.

Infrastructure

Tombouctou est facilement accessible par la route, le bateau et depuis 1961, par avions.

Gao

Gao est une ville du Mali et la capitale de la région de Gao. La ville est située au bord du fleuve Niger, à 320 km au sud-est de Tombouctou.

Pendant une grande partie de son histoire, Gao était un important centre commercial impliqué dans le commerce transsaharien.

Au 9ème siècle, Gao était devenue une puissance régionale.

Vers la fin du 13ème siècle, Gao devient une partie de l'Empire du Mali, mais dans la première moitié du 15ème siècle, la ville retrouva son indépendance avec les conquêtes de Sonni Ali

(1464-1492) en devenant la capitale de l'Empire Songhaï.

L'Empire s'est effondré après l'invasion marocaine en 1591 et les envahisseurs ont choisi de faire de Tombouctou leur capitale.

En 2009, la commune urbaine comptait 86.633 habitants.

C'est la plus grande de l'est du Mali et est relié à la capitale Bamako par 1200 km de route pavée.

En 2006 le pont de Wabaria a été inauguré pour faciliter le service de transport à travers le Niger.

Le pont a été financé par la Banque islamique de développement et le gouvernement malien.

La ville est stratégiquement placée sur les liaisons routières (non pavées) de la région désertique de Kidal au nord.

La route vers le sud longe la rive gauche du fleuve Niger.

La frontière avec le Niger est juste au sud du village de Labbezanga, une distance de 204 km.

Selon le recensement de 2009, la ville de Gao compte environ 86.633 habitant.

Pour la gestion, la commune est divisée en neuf quartiers: Gadeye, Farandjiré, Aljanabanbia, Djoulabougou, Saneye, Sosso Koïra, Boulgoundjé, Château et Djidara.

La commune urbaine est délimitée au nord par la commune de Sonni Ali, à l'est par la commune d'Anchawadi et au sud et à l'ouest par la commune de Gounzoureye.

Climat

Gao présente un climat aride selon la classification climatique mondiale. Le climat de Gao est chaud et sec, avec une seule précipitation se produisant entre juin et septembre.

Août est normalement le mois le plus humide.

La pluviométrie annuelle moyenne est de seulement 220 mm, mais il existe de grandes variations d'une année à l'autre.

Mai est le mois le plus chaud, avec une température maximale moyenne de 43 ° C.

Décembre et janvier sont les mois plus froids avec un minimum de 15 ° C.

D'octobre à mars, pendant la saison sèche, le vent du nord (harmattan) souffle sur Gao, chargé de poussière et réduit la visibilité.

Avec la faible pluviométrie, la végétation à l'écart de la rivière est riche et se compose principalement de diverses espèces.

Histoire

L'histoire de l'Empire de Gao précède celle de l'Empire Songhaï dans la région du fleuve Niger.

Les deux empires avaient la ville de Gao comme leur capitale.

Culture

La population de Gao parle principalement Songhaï mais inclut de nombreuses ethnies, y compris les Bozo, les éleveurs de bétail Peuls et les nomades touaregs, ainsi que les peuples bambara de l'ouest du Mali.

Le septième Festival des arts et cultures songhaï a été célébré en février 2007 à Gao, reflétant l'importance de la ville comme capitale culturelle Songhaï.

Sites

Les attractions de Gao incluent la mosquée de Gao datant du 14ème siècle, le tombeau d'Askia (site classé au patrimoine mondial de l'UNESCO) construit en 1495 et un musée consacré au Sahel.

Djenné

Djenné est une ville et une commune urbaine dans la région du Delta du Niger, au centre du Mali.

La ville est le centre administratif du Cercle Djenné, l'une des huit subdivisions de la région de Mopti.

La commune comprend dix des villages environnants et en 2009 avait une population de 32.944 habitants.

L'histoire de Djenné est étroitement liée à celle de Tombouctou.

Entre le 15ème et le 17ème siècle, une grande partie du commerce trans-saharien de marchandises comme le sel, l'or et les esclaves, traversait dans la ville Djenné en passant par Tombouctou.

Les deux villes sont devenues les centres de la religion islamique.

La prospérité de Djenné dépendait de ce commerce et lorsque les Portugais ont établi des postes de traite sur la côte africaine, l'importance du commerce trans-saharien et donc de Djenné a diminué.

La ville est célèbre pour son architecture distincte, notamment la grande mosquée qui a été construite en 1907 sur le site d'une mosquée antérieure.

Au sud de la ville se trouve Djenné-Djeno, le site d'une des plus anciennes villes connues en Afrique subsaharienne. Djenné et Djenné-Djeno ont été désignés Patrimoine Mondiale de l'UNESCO en 1988.

Géographie

Djenné est situé à 398 km au nord-est de Bamako et à 76 km au sud-ouest de Mopti.

La ville se trouve sur une plaine entre le fleuve Niger et son extrémité sud.

La ville fait partie de la commune de Djenné qui couvre une superficie de 302 kilomètres carrés et se compose de dix villages environnants: Ballé, Diabolo, Gomnikouboye, Kamaraga, Kéra, Niala, Soala, Syn, Velingara et Yenleda.

La commune est bornée au nord par les communes d'Ouro Ali et Derary, au sud par la commune de Dandougou Fakala, à l'est par les communes de Fakala et de Madiama et à l'ouest par la commune de Pondori.

La ville est le centre administratif (chef-lieu) du Cercle Djenné.

Climat

Le temps est chaud et sec pendant la majeure partie de l'année. Les températures maximales journalières moyennes dans les mois les plus chauds, avril et mai, sont autour de 40 ° C.

Les températures sont légèrement plus fraîches, quoiqu'encore très chaudes, de juin à septembre, lorsque pratiquement toutes les précipitations annuelles se produisent.

Seuls les mois de décembre et janvier ont des températures maximales journalières moyennes inférieures à 32 ° C.

Entre décembre et mars, le vent chaud et sec du nord-est de l'Harmattan souffle sur la ville.

La pluviométrie annuelle est d'environ 550 mm, mais varie considérablement d'une année à l'autre. Août est normalement le mois le plus humide.

Histoire

Djenné a été fondé vers 200 avant Jésus-Christ. La ville s'est développé vers 850, mais après 1100, la population de la ville a diminué et en 1400, le site avait été abandonné.

De nombreuses petites localités situées à quelques kilomètres de Djenné-Jéno semblent également avoir été abandonnées vers cette date.

La ville actuelle a été installée autour de 1000 et 1100.

Au cours du 14ème siècle, Tombouctou était le principal terminus sud du commerce transsaharien de l'or, du sel et des esclaves.

Au 15ème siècle, les Portugais ont établi des postes de commerce le long de la côte atlantique de l'Afrique de l'Ouest, dans le but d'exploiter le commerce des lingots d'or.

Entre les 14ème et 17ème siècles, Djenné et Tombouctou étaient des entrepôts importants du commerce.

Le sel a été extrait à Taghaza dans le Sahara et transporté vers le sud via Tombouctou et Djenné.

L'or des champs aurifères d'Akan, dans la zone boisée entre les rivières Komoé et Volta, a été échangé dans la ville de Bitou, puis transporté vers Djenné et Tombouctou.

Cependant, au début du 16ème siècle, les Portugais ont établi des postes de traite le long de la côte africaine et expédiaient de grandes quantités d'or. Ce commerce maritime faisait concurrence au commerce transsaharien.

Le sultan marocain Ahmad al-Mansur voulait contrôler l'exportation d'or et envoya en 1590 une armée de 4000 mercenaires à travers le Sahara.

Les Songhai ont été vaincus à la bataille de Tondibi en 1591 et ceci a mené à l'effondrement de leur empire.

Au 17ème siècle, Djenné était un centre prospère du commerce et pour l'apprentissage de l'Islam.

Malgré le succès initial de l'occupation marocaine, la logistique de contrôler un territoire à travers le Sahara devint bientôt trop difficile et, en 1630, les Saadiens avaient perdu le contrôle de la ville.

Djenné a changé plusieurs fois au cours des siècles suivants. La ville a fait partie du royaume de Ségou de 1670 à 1818 et du Royaume de Massina établi par le dirigeant Peul Sékou Amadou entre 1818 et 1861.

La ville était entourée d'un mur de pierre très-mal construit d'environ dix pieds de haut et quatorze pouces d'épaisseur.

Il y avait plusieurs portes, mais toutes petites.

Les maisons étaient construites en briques séchées au soleil. Le sable est mélangé avec un peu d'argile pour faire des briques d'une forme ronde et suffisamment solides.

Les maisons sont aussi grandes que celles des villages européens. La plupart n'ont qu'un seul étage. Ils sont tous en terrasses, n'ont pas de fenêtres extérieures.

La seule entrée, de taille ordinaire, est fermée par une porte faite de planches de bois, assez épaisse et apparemment sciée.

La porte est fixée à l'intérieur par une double chaîne de fer, et à l'extérieur par une serrure en bois. Cependant, certains avaient des verrous de fer.

Les appartements étaient tous longs et étroits. Les murs, surtout extérieurs, étaient bien recouverts de sable.

Dans chaque maison, il y avait un escalier menant à la terrasse mais il n'y avait pas de cheminées et par conséquent les habitants cuisinaient en plein air.

En 1861, la ville devint une partie de l'Empire de Toucouleur sous Oumar Tall et puis en avril 1893 les forces françaises sous le commandement de Louis Archinard occupèrent la ville.

Les Français ont choisi de faire de Mopti la capitale régionale et, par conséquent, l'importance relative de Djenné a diminué.

Architecture

Djenné est célèbre pour son architecture soudanaise. Presque tous les bâtiments dans la ville, y compris la grande mosquée, sont faits de briques de terre cuites au soleil.

Les maisons traditionnelles à deux étages sont construites autour d'une petite cour centrale et ont des façades imposantes avec pilastres comme des contreforts et un arrangement élaboré de pinacles formant le parapet au-dessus de la porte d'entrée.

Des tuyaux en céramique s'étendent également depuis la ligne de toit et s'assurent que l'eau de pluie du toit n'endommage pas les murs.

La Grande mosquée de Djenné

En 1906, l'administration coloniale française a organisé la construction de la Grande Mosquée actuelle sur le site d'une ancienne mosquée.

Statut du patrimoine mondial

La République du Mali a d'abord présenté une candidature à l'UNESCO pour le statut de patrimoine mondial en 1979.

Économie

Bien qu'historiquement Djenné ait été un centre commercial important, au 20ème siècle, le commerce dans la ville a décliné en raison de sa position relativement isolée.

L'économie locale repose désormais principalement sur l'agriculture, la pêche et l'élevage et dépend très largement des pluies annuelles et des inondations du fleuve Niger.

En conséquence, la grave sécheresse qui a commencé à la fin des années 1970 a causé de grandes difficultés.

La ville est un centre islamique et les écoles coraniques attirent les étudiants de la région.

Le tourisme est une partie importante de l'économie locale, en particulier dans les mois plus froids, entre novembre et mars.

Sites

Le principal site est la Grande Mosquée. La maison la plus connue est celle de la famille Maïga (qui fournit le chef traditionnel de la ville).

Ce vieux bâtiment avec son porche d'entrée de style Peul se trouve dans le quartier d'Algasba, à l'est de la ville.

Parmi les autres attractions, on peut citer la tombe de Tapama Djenepo, qui a été sacrifiée lors de la fondation de la ville et les vestiges de Djenné-Djéno, une importante colonie du 3ème siècle avant Jésus-Christ.

Le marché hebdomadaire du lundi est aussi une attraction touristique importante. Il ya aussi un marché quotidien des femmes qui se déroule dans une cour en face de la mosquée.

La ville se trouve à environ huit heures de Bamako.

Démographie

Les habitants de Djenné parlent la langue Songhaï dite Djenné Chini, mais les langues parlées reflètent également la diversité de la région.

Royaume Bambara de Ségou

Le Royaume bambara de Ségou était un grand état ouest-africain basé à Ségou, dans l'actuel Mali.

Cet état a été établi après la chute de l'Empire du Mali et de la dynastie Keita.

Le Royaume bambara de Ségou a été fondé par des membres de la famille Bambara liés au clan Keita.

Il a été régi par la dynastie Coulibaly établie en 1640 par Kaladian Biton Coulibaly.

L'empire existait comme un état centralisé de 1712 à l'invasion de 1861 du conquérant Peul El Hadj Oumar Tall.

La dynastie Coulibaly

Vers 1640, Fa Siné devint le troisième roi du petit royaume Bambara de la ville de Ségou.

Bien qu'il ait organisé beaucoup de conquêtes réussies sur les royaumes voisins, Fa Siné a échoué d'établir un cadre administratif significatif et le nouveau royaume s'est désintégré après sa mort (vers 1660).

Au début du 18ème siècle, Biton Coulibaly s'installa à Ségou et organisa une armée personnelle. Il établi son contrôle sur Ségou, en faisant de cette ville la capitale du nouvel Empire Bambara.

Fortifiant la capitale avec des techniques Songhaï, Biton Coulibaly a construit une armée de plusieurs milliers d'hommes et une marine de canots de guerre pour patrouiller sur le fleuve Niger.

Il a ensuite lancé des assauts réussis contre ses voisins, les Peuls, les Soninkés et les Mossis.

Biton Coulibaly a également attaqué Tomboctou, bien qu'il ait seulement tenu la ville brièvement.

Coulibaly était le dernier souverain appelé Biton.

Tous les futurs dirigeants furent simplement intitulés Faama.

Bakari, le premier Faama après la mort de Biton a régné de 1710 à 1711.

Faama De-Koro est monté au trône en 1712 et a régné jusqu'en 1736.

Les Ngolosi

En 1750, un esclave libéré nommé Ngolo Diarra s'empare du trône et rétablit la stabilité en régnant pendant près de quarante ans sur le royaume.

Les Ngolosi, ses descendants, ont continué à dominer l'Empire jusqu'à sa chute.

Le fils de Ngolo, Mansong Diarra, prit le trône après la mort de son père en 1795 et commença une série de conquêtes réussies, y compris celle de Tomboctou (vers 1800) et de la région de Macina.

Économie et structure

L'Empire Bambara était structuré autour des institutions bambaras traditionnelles, y compris le komo, un organisme pour résoudre les préoccupations théologiques.

Les komos consultent souvent les sculptures religieuses dans leurs décisions, en particulier les quatre boulons d'État, de grands autels conçus pour aider le pouvoir politique.

L'économie de l'Empire Bambara prospéra par le commerce, surtout celui des esclaves capturés dans leurs nombreuses guerres.

La demande d'esclaves a ensuite mené à de nouveaux combats, laissant les Bambaras dans un état de guerre perpétuel avec leurs voisins.

Jihad et chute

Lors de la bataille de Noukouma en 1818, les forces Bambaras ont été vaincues par des combattants musulmans Peuls rassemblés par le djihad de Cheik Amadou.

L'Empire Bambara a survécu mais a été irréversiblement affaibli.

Les forces de Cheik Amadou ont vaincu de façon décisive le Bambara, en prenant Djenné et une grande partie du territoire autour de Mopti et en formant l'Empire Massina. Tombouctou tombera aussi en 1845.

Cependant, la chute réelle de l'empire a été organisé par El Hadj Oumar Tall.

Les moudjahidines d'Oumar Tall ont facilement vaincu les Bambaras, s'emparant de Ségou le 10 mars 1861 et déclarant la fin de l'Empire Bambara.

Le peuple Bambara

Les Bambaras sont un peuple Mandingue vivant en Afrique de l'Ouest, principalement au Mali mais aussi en Guinée, au Burkina Faso et au Sénégal.

Ils sont considérés comme l'un des plus grands groupes ethniques Mandingues et constituent le groupe Mandé dominant au Mali avec 80% de la population parlant la langue Bambara, sans distinction d'origine ethnique.

Origines

Le peuple Bambara est une section royale du peuple Mandingue.

Ils sont les fondateurs de l'Empire du Mali au 13ème siècle.

En 250 avant Jésus-Christ, un sous-groupe Mandé, le Bozo, fonda la ville de Djenné.

Entre 300 et 1100, le Soninké a dominé le Mali occidental en fondant l'Empire du Ghana qui a été détruit par le Songhaï.

Lorsque l'Empire Songhaï s'est dissous après 1600, de nombreux groupes parlant les langues Mandingues ont occupé le centre de l'Afrique de l'Ouest.

Le Bambara a apparu avec la montée son Empire dans les années 1740 et surtout quand l'Empire du Mali a commencé à s'effondrer vers 1559.

En plus de son utilisation générale comme référence à un groupe ethnolinguistique, le Bambara a également été utilisé pour identifier les esclaves originaires de la région supérieure du Sénégal et du Niger.

Dès 1730, le terme Bambara se référait simplement aux esclaves qui étaient déjà au service des élites locales ou du français.

Issus des communautés agricoles de Ouassoulou, les Bambaras ont commencé à développer une structure politique et sociale qui devint l'Empire Bambara et plus tard l'Empire du Mali.

Contrairement à leurs voisins musulmans, l'État Bambara pratiquait et encourageait la religion traditionnelle, bien que les communautés musulmanes étaient localement puissantes.

Le Bambara est ensuite devenu la communauté culturelle dominante dans l'ouest du Mali.

La langue bambara est devenue la principale langue interethnique du Mali et une des langues officielles.

Religion

Bien que la plupart des Bambaras adhèrent aujourd'hui à l'Islam, beaucoup d'entre eux pratiquent encore les rituels traditionnels, en particulier pour honorer les ancêtres.

Cette forme d'islam syncrétique reste rare, même en tenant compte des conversions qui, dans de nombreux cas, se sont produites vers le milieu et la fin du 19ème siècle.

Structure sociale

Les Bambaras partagent de nombreux aspects de la structure sociale Mandingue.

La société est patrilinéaire et patriarcale, bien que pratiquement aucune femme ne porte un voile.

La culture Mandingue est connue pour ses puissants ordres fraternels et l'histoire de l'Empire Bambara a renforcé et conservé ces ordres.

Traditionnellement, la société Mandé est hiérarchisée ou fondée sur des castes.

L'ordre politique Bambara a créé une petite noblesse libre, placée au milieu de la caste endogame et de la variation ethnique.

Les castes et les groupes ethniques ont exercé des rôles professionnels dans l'état et cette différenciation a augmenté avec le temps.

Par exemple, les marchands de Maraka ont développé des villes d'abord centrées sur le commerce et ensuite sur la production agricole à grande échelle en employant des esclaves capturés par l'état.

Le Dioula s'est spécialisé dans le commerce à longue distance, tout comme les communautés Peul au sein de l'État, qui ont ajouté l'élevage.

En plus de cela, les Bambaras ont maintenu des castes internes comme les autres peuples Mandingues, avec des griots, des prêtres, des métallurgistes et d'autres vocations spécialisées restant endogames et vivant dans des zones désignées.

Autrefois, comme la plupart des autres sociétés africaines, ils tenaient aussi des esclaves, souvent des prisonniers de guerre des terres entourant leur territoire.

Avec le temps et l'effondrement de l'Etat Bambara, ces différences de castes se sont érodées, bien que les vocations aient de fortes corrélations familiales et ethniques.

Culture

Les Bamana ont adapté de nombreuses traditions artistiques. Des oeuvres ont été créées à la fois pour l'usage religieux et pour définir la différence culturelle et religieuse.

Les traditions artistiques Bambaras comprennent la poterie, la sculpture, le tissage et les masques.

Alors que le marché du tourisme et de l'art est la principale destination des œuvres modernes Bambaras, la plupart des traditions artistiques faisaient partie des vocations sacrées, créées comme des croyances religieuses utilisées pendant les rituels.

Chaque trait créatif était considéré comme une manière différente de plaire aux esprits supérieurs.

Les puissances du monde artistique ont été utilisées pour plaire aux esprits ancestraux et pour montrer la beauté.

Royaume Bambara du Kaarta

Le royaume bambara de Kaarta est un royaume historique de l'ouest du Mali, fondé au 17ème siècle par les Bambaras opposants du Royaume de Ségou.

À son apogée au 18ème siècle, le Kaarta couvrait une région englobant la région de Kayes, Nioro et Kita dans le Mali actuel.

Origines

Sounsa Coulibaly (1633-1650), petit-fils de Niangolo, l'un des deux frères initiateurs des royaumes bambaras, fonde la cité de Sounsana, rivale du Royaume bambara de Ségou.

Son fils Massa Coulibaly fonde la dynastie des Massassi.

Son frère Foula Koro qui lui succède, est battu par Biton Coulibaly de Ségou.

Sounsana étant conquise, le royaume se déplace plus à l'ouest, avec Guémou pour capitale.

La lutte entre Kaarta et Ségou reprend sous le règne de Desse Koro. Guémou est prise et détruite par Monzon Diarra.

Au début du 19ème siècle, le Kaarta se redresse.

Le roi Moussa Kourabo lutte victorieusement contre les Peuls du Fouta-Toro. En 1803, il soumet le petit royaume du Khasso.

Le royaume de Kaarta atteint son apogée sous le règne de Bodia Mariba (entre 1820 et 1830).

Les armées du Kaarta s'engagent ensuite contre les Diawaras.

Les Bambaras de Ségou attaquent de nouveau avec Massa Demba (1851-1854). En 1854, le royaume de Kaarta est battu par El Hadj Oumar Tall à Nioro, qui défait et tue le roi Mamady Kandian.

Les Massassi seront par la suite associés à El Hadj Oumar Tall pour la conquête de Ségou en 1861 : c'est la fin des royaumes bambara, et les débuts de l'Empire Peul d'Oumar Tall qui marque le début de l'islamisation des Bambaras.

L'empire disparaîtra à son tour à la fin du 19ème siècle face à la colonisation française.

Royaume du Kénédougou

Le Kénédougou a été un royaume sénoufo dans la région de Sikasso (actuel Mali) fondé au 18ème siècle par Mansa Daoula Traoré qui régna de 1845 à 1860.

Dynastie Traoré

Kénédougou a été créé pour la première fois dans les années 1650 par les Senoufo, originaires de la Côte d'Ivoire d'aujourd'hui.

Ils ont commencé à traverser les frontières de la Côte d'Ivoire, du Mali, du Burkina Faso et du Ghana autour du 13ème siècle.

Le nouveau royaume était commodément centré sur la frontière entre le Mali et le Burkina Faso. Sa position était cruciale pour l'échange des biens entre les peuples du désert et de la forêt.

Malheureusement, les pratiques traditionnelles senoufos les mettent en désaccord avec les musulmans du nord.

Les Senoufos du Kénédougou ont adopté quelques pratiques Mandingues telles que le titre de roi, faama.

Nanka Traoré est devenue le premier souverain de Kénédougou et a commencé la dynastie de Traoré qui durera jusqu'à la fin du 19ème siècle.

L'existence de Kénédougou était marquée par une relative paix par rapport aux états voisins de l'époque.

Résistance de Kénédougou

Tout cela prendra fin au dernier quart du 19ème siècle, car la double menace des colonialistes français et de Samory Touré a commencé à engloutir ses partenaires commerciaux.

En 1877, Faama Tieba a déplacé la capitale du royaume dans la ville natale de sa mère, Sikasso.

Là, il a construit un nouveau palais appelé le Mamelon sur une colline stratégique.

La décision s'est avérée sage, puisque Tieba et son successeur, Babemba Traoré, ont livré un certain nombre de batailles à la fois contre Samory Touré et l'armée française.

Ironiquement, le petit royaume de Kénédougou était devenu l'un des derniers grands opposants aux colonisateurs français en Afrique de l'Ouest.

Les plus grands États tombent sous le contrôle de l'Empire Ouassoulou de Samory.

Samory a attaqué Sikasso avec une armée de 12.000 hommes en avril de 1887, mais a échoué à prendre la ville.

Puis, de 1887 à 1888, les Français ont assiégé Sikasso.

À la lumière de ces menaces, Tieba a ordonné la construction d'un mur fortifié autour de la ville en 1890.

Après la mort de Tieba le 1er janvier 1893, son frère Babemba Traoré prit le trône.

Il a tenu les Français à distance pendant encore cinq ans. En 1897, les Français occupent Ségou, la capitale du voisin de Kénédougou, l'Empire Peul.

Cette victoire renouvela l'ambition de la France à Sikasso.

Conquête française

Les Français lancèrent une attaque d'artillerie contre le mur de Sikasso en avril 1898 et la ville tomba le 1er mai de la même année.

Plutôt que de voir les Français prendre le contrôle de sa ville, Fama Babemba a ordonné à ses gardiens de le tuer.

Le territoire du royaume de Kénédougou fut bientôt assimilé à la colonie du Soudan français, puis au Mali.

La mémoire de Tieba et de Babemba est encore vénérée aujourd'hui au Mali comme symboles de la résistance.

Empire du Macina

L'Empire peul du Macina était un empire théocratique fondé au 19ème siècle par le marabout Cheik Sékou Amadou du clan des Barry.

Il s'étend sur une partie du Mali actuel, du nord de Tombouctou au sud du pays Mossi, de l'ouest de la Mauritanie à l'est de la région de Mopti, avec Hamdalaye comme capitale.

Les peuls, venus du Fouta Toro, se sont installés dans la région vers la fin du 14ème siècle.

Au début du 19ème siècle, les chefs de clan peuls, le clan Dicko, contrôlaient la région.

Sékou Amadou, exilé à Noukouma après avoir rencontré des problèmes avec les oulémas de Djenné, y livre sa première bataille en 1818 contre le Fama (roi) de Ségou.

Cette victoire conduit à la déclaration du Jihad et à la conquête de Djenné un an plus tard en 1819.

Il ordonne que la grande mosquée, construite par le roi Koi Koumboro, soit abandonnée et non-maintenue, et il en fait édifier une nouvelle.

Il fonde alors un empire théocratique qu'il nomme diina (foi en l'islam). Il divise son empire en cinq régions, chacune dirigée par un gouverneur militaire et un conseil religieux.

Il fonde la ville d'Hamdallaye, qui devient la nouvelle capitale, où siège le conseil de la diina, composé de quarante chefs religieux et militaires, et placé sous son autorité.

Il développe l'enseignement coranique et l'empire est régi par la charia.

L'économie repose sur l'élevage bovin et ovin. Sékou Amadou impose au nomade peul la sédentarisation.

Les populations animistes bambaras, soninkées, bwa, dogons et peuls sont touchées par divers djihads lancés par les partisans de Sékou Amadou : les vaincus deviennent des serviteurs et travaillent dans l'agriculture.

Pour développer le commerce, Sékou Ahmadou uniformise les unités de mesure sur le territoire de l'Empire.

Les royaumes bambaras de Ségou et du kaarta, résistants, ne subissent pas l'autorité de la diina.

La Diina est plus un royaume qu'un véritable empire. Son autorité s'étend sur les régions maliennes actuelles de Mopti, au nord de la région de Ségou jusqu'à Tombouctou et aux frontières avec les États mossis au nord du Burkina Faso.

En 1844, à la mort de Sékou Ahmadou, son fils Amadou Sékou et son petit-fils Ahmadou dirigent l'empire.

En 1862, l'empire, encore prospère, est attaqué par l'empereur peul El Hadj Oumar Tall, qui s'empare de Djenné et d'Hamdallaye.

Empire Peul ou Toucouleur

L'Empire Peul ou Toucouleur a été fondé au 19ème siècle par El Hadj Oumar Tall sur une partie de l'actuel Mali.

Oumar Tall revient d'un pèlerinage à La Mecque en 1836 avec les titres d'El Hadj et de Khalife de la confrérie Tidjania pour le Soudan.

Après avoir séjourné dans le Fouta-Djalon (actuelle Guinée), son pays natal étant le Fouta-Toro (actuel Sénégal), il démarre son djihad (guerre sainte) en 1850.

Ne réussissant pas à vaincre l'armée coloniale française, il va, après l'échec du siège de Médine en juillet 1857, déplacer son empire vers l'est en attaquant les royaumes bambaras.

Conquérant Ségou le 10 mars 1861, il en fait la capitale de son empire, en laissant la gestion un an plus tard à son fils Ahmadou Tall pour partir conquérir Hamdallaye, capitale de l'Empire peul du Macina.

Il se réfugie à Deguembéré, près de Bandiagara.

En 1864, il meurt mystérieusement dans les montagnes de Bandiagara.

Son neveu Tidiani Tall prend la succession et installe la capitale de l'Empire toucouleur à Bandiagara.

A Ségou, Ahmadou Tall continue de régner mais entre en conflit avec ses frères.

En 1890, les Français entrent à Ségou en s'alliant avec les Bambaras. Ahmadou est obligé de s'enfuir à Sokoto, dans le nord du Nigeria.

Oumar Tall

Oumar Tall, de son vrai nom Oumar Foutiyou Tall ou Oumar Seydou Tall, est un souverain musulman.

Il est né à Halwar dans le Fouta-Toro, dans l'actuel Sénégal, entre 1794 et 1797 et a disparu mystérieusement dans la falaise de Bandiagara, le 12 février 1864. Il est le fondateur de l'Empire Peul ou Toucouleur.

Les voyages

Né entre 1794 et 1797 à Halwar, il est le fils de Saidou Tall et de Sokhna Adama Aisse Thiam. Il est le quatrième fils de son père et le huitième enfant de sa mère.

Descendant Peul d'une grande famille de notables et chefs religieux descendants de Ouqbah Ibn Amr, un compagnon du prophète de l'islam Mohammed, il a commencé à approfondir sa connaissance de l'islam grâce à Abd el-Karim, un lettré musulman originaire du Fouta-Djalon, membre de la confrérie Tidjaniya.

À partir de 1827 et pendant dix-huit ans, Oumar Tall entreprend plusieurs voyages. Il se rend à Hamdallaye sur le Niger où il rencontre Amadou Cheikhou, puis séjourne plusieurs mois à Sokoto à la cour de Mohammed Bello.

Il traverse ensuite le Fezzan et se rend au Caire avant d'atteindre La Mecque où il reçoit les titres d'El Hadj et de Calife de la confrérie soufi Tidjane pour le Soudan (1828).

Il séjourne ensuite à l'Université al-Azhar du Caire, puis chez le sultan du Bornou dont il épouse une fille, à la cour de Mohammed Bello dont il épouse également une fille, enfin à Hamdallaye chez Amadou Cheikhou, qui cette fois-ci l'accueille beaucoup moins favorablement.

Puis il est emprisonné par le roi animiste bambara de Ségou. Lorsqu'il est relâché, il se rend dans le Fouta-Djalon où l'almami l'autorise à créer une zaouïa (1841).

Pendant treize ans, il prêche l'islam sunnite à travers la doctrine asharite, la jurisprudence malikite et la spiritualité de la tidjaniya d'abord au Fouta-Djalon, puis à Dinguiraye (actuelle Guinée) en 1848.

Le djihad

À Dinguiraye, il prépare le djihad (guerre sainte). Il acquiert une réputation de saint et rassemble de nombreux disciples qui formeront les cadres de son armée.

Son armée, équipée d'armes légères européennes reçues de trafiquants britanniques de Sierra Leone, s'attaque à plusieurs régions malinkées à partir de 1850.

Il occupe sans difficulté les territoires du Mandingue et du Bambouk (1853), puis attaque les Bambaras de Massassi dont il prend la capitale Nioro (1854).

En 1856, il annexe le royaume bambara du Kaarta et réprime sévèrement les révoltes.

Luttant contre l'armée coloniale française, il fait construire un tata (une fortification) à Koniakary (77 km à l'ouest de Kayes).

En avril 1857, il déclare la guerre contre le royaume du Khasso et assiège le fort de Médine, qui sera libéré par les troupes de Louis Faidherbe le 18 juillet 1857.

Entre 1858 et 1861, El Hadj Oumar Tall s'attaque aux royaumes bambaras de Kaarta et de Ségou (bataille de Ngano).

Le 10 mars 1861, il conquiert Ségou qu'il confie un an plus tard à son fils Ahmadou pour partir à la conquête d'Hamdallaye, capitale de l'Empire peul du Macina qui tombera le 16 mars 1862 après trois batailles faisant plus de 70 000 morts.

Obligé de se réfugier dans les grottes de Deguembéré, près de Bandiagara, il disparait dans une grotte le 12 février 1864.

Son neveu Tidiani Tall sera son successeur et installera la capitale de l'Empire Toucouleur à Bandiagara. Son fils Ahmadou Tall règne à Ségou, jusqu'à l'occupation française en 1893.

La théocratie

Propulsé par l'idéologie universaliste de l'islam et par un projet de rénovation égalitaire de la société, El Hadj Oumar encourageait le libéralisme du sunnisme via la confrérie Tidjaniya, dont il fut le représentant de l'époque et imposait une fraternité transcendante aux peuples du Soudan occidental.

El Hadj Oumar gouvernait ses États théocratiquement, assisté par un conseil comprenant quelques grands marabouts, certains de ses frères et des compagnons de pèlerinage.

La loi coranique était le principe fondamental du gouvernement.

Sur le plan administratif, El Hadj Oumar s'inspirait du modèle égypto-turc avec la division du pouvoir en un gouverneur civil (pacha) et un gouverneur militaire (bey).

Chaque province disposait d'une puissante forteresse (tata) commandée par un chef militaire important.

L'épopée d'El Hadj Oumar Tall

L'épopée d'El Hadj Oumar Tall connaît une large diffusion orale parmi les populations peules, notamment au Sénégal et au Mali, et devient un mythe fondateur de l'islamisation de l'Afrique de l'Ouest.

L'épopée présente El Hadj Oumar comme un grand cheikh musulman de la région.

~ 276 ~

Empire Ouassoulou, Wassoulou ou empire Mandingue

L'empire Wassoulou, parfois appelé l'Empire Mandinka (Mandingue), était un empire de courte durée (1878-1898) de l'Afrique de l'Ouest construit à partir des conquêtes de Samory Touré et détruit par l'armée coloniale française.

En 1864, le souverain de Toucouleur, El Hajj Oumar Tall, mourut près de Bandiagara.

Un certain nombre de petits chefs se précipitent ensuite pour briser leurs la fédération Toucouleur nouvellement affaiblie et le plus réussi parmi eux était Samory Touré.

Organisation de l'armée

L'armée de Samory était bien équipée d'armes à feu européennes et d'une structure complexe d'unités permanentes.

Son armée était divisée en deux ailes : une pour l'infanterie et une autre pour la cavalerie.

En 1887, Samory avait 30 000 à 35 000 hommes pour son infanterie et environ 3 000 cavaliers.

L'infanterie était divisée en unités de 10 à 20 hommes connus sous le nom de kulu.

La cavalerie était divisée en bandes de 50 cavaliers appelés séré.

Les Kulus étaient sous le commandement d'un Kun-Tigui, ce qui signifie chef.

Dix kulus égalaient un bolo (100-200 hommes). Le bolo était strictement une unité d'infanterie et le bolo kun-tigui commandait cette unité.

Expansion

La campagne de Samory a d'abord balayé ses voisins Bérété et Cissé, puis la région de Wassoulou (frontière entre la Guinée et le Mali).

En 1876, il obtint les mines d'or de Buré, et en 1878, sa position fut assez sûre pour se déclarer officiellement faama (chef militaire) d'un nouvel Empire Wassoulou.

Plus tard, les conquêtes comprenaient Kankan, un important centre commercial malinké, et des sections de ce qui est maintenant la Sierra Leone et le nord de la Côte d'Ivoire.

Samory a forcé les villages animistes à se convertir à l'islam, prenant le titre d'Almany, chef de tous les croyants, en 1884.

Dans les affaires non religieuses, cependant, il a conservé la plupart des traditions et des institutions locales des peuples conquis en utilisant le titre de faama Roi.

Les guerres mandingues

De 1880 jusqu'à sa mort, l'ambition de Samory fut contrée par l'expansion des Français.

Il entre en combat avec l'armée coloniale, en les battant à plusieurs reprises, y compris une victoire notable le 2 avril 1882, à Woyowayanko face à l'artillerie lourde française.

Néanmoins, Samory a été contraint de signer plusieurs traités cédant le territoire aux Français entre 1886 et 1889.

Samory a commencé une retraite régulière, mais la chute des autres armées de résistance, particulièrement le cas de Babemba Traoré à Sikasso, a permis à l'armée coloniale de lancer un assaut concentré contre ses forces.

Le 29 septembre 1898, il fut capturé par le commandant français Goudraud et exilé au Gabon, marquant la fin de l'Empire Wassoulou.

Afrique occidentale française (AOF)

L'Afrique occidentale française (AOF) était une fédération de huit territoires coloniaux français en Afrique : Mauritanie, Sénégal, Soudan français (maintenant Mali), Guinée française, Côte d'Ivoire, Haute-Volta (aujourd'hui Burkina Faso), Dahomey (aujourd'hui Bénin) et Niger.

La capitale de la fédération était Dakar. La fédération a existé de 1895 à 1960.

Histoire

Jusqu'à la fin de la Seconde Guerre mondiale, presque tous les africains vivant dans les colonies Françaises n'étaient pas des citoyens de Français.

Les africains étaient plutôt des «sujets français» qui n'avaient pas de droits devant la loi, des droits de propriété, des droits de voyager et de s'exprimer.

Les Quatre Communes du Sénégal étaient exceptionnelles : ces régions étaient composées des villes de la petite colonie sénégalaise, où, à l'abolition de l'esclavage par la Deuxième République française, tous les résidents de France se voyaient accorder des droits politiques égaux.

Quiconque pouvait prouver qu'ils étaient nés dans ces villes était légalement français. Ils pouvaient voter aux élections parlementaires, qui avaient été précédemment dominées par les résidents blancs et métis du Sénégal.

Les Quatre Communes du Sénégal avaient le droit d'élire un député pour les représenter au Parlement français dans les années 1848-1852, 1871-1876 et 1879-1940.

En 1914, le premier africain, Blaise Diagne, fut élu député du Sénégal au Parlement français.

En 1916, Diagne a fait voter à l'Assemblée nationale une loi (Loi Blaise Diagne) accordant la pleine citoyenneté à tous les habitants des quatre Communes.

En contrepartie, il avait promis d'aider à recruter des millions d'africains pour combattre pendant la Première Guerre mondiale.

Par la suite, tous les africains noirs de Dakar, Gorée, Saint-Louis et Rufisque pouvaient voter pour envoyer un représentant à l'Assemblée nationale française.

Alors que les Français poursuivaient leurs objectifs en Afrique dans les années 1880 et 1890, ils conquérèrent de vastes régions intérieures et les gouvernèrent comme des entités indépendantes.

Ces zones conquises étaient généralement gouvernées par des officiers de l'armée française et surnommées «Territoires militaires».

À la fin des années 1890, le gouvernement français a commencé à freiner l'expansion territoriale de ses officiers sur le terrain et a transféré tous les territoires à un seul gouverneur basé au Sénégal, relevant directement du ministre des Affaires étrangères.

Le premier gouverneur général du Sénégal a été nommé en 1895, et en 1904, les territoires qu'il a supervisés ont été officiellement nommés Afrique occidentale française (AOF).

L'Afrique du centre deviendra plus tard le siège de sa propre fédération, l'Afrique équatoriale française (AEF).

Après la chute de la France en juin 1940 et les deux batailles de Dakar contre les Forces françaises libres en juillet et septembre 1940, les autorités de l'Afrique de l'Ouest ont déclaré allégeance au régime de Vichy, tout comme la colonie de l'AEF.

L'AEF cède ensuite la place à la France libre après la bataille de novembre 1940, mais l'Afrique de l'Ouest reste sous le contrôle de Vichy jusqu'au débarquement des alliés en

Afrique du Nord (opération Torche) en novembre 1942.

Après la Seconde Guerre mondiale, le gouvernement français a commencé à étendre ses droits politiques limités dans ses colonies.

En 1945, le Gouvernement provisoire français a attribué dix sièges à l'Afrique occidentale française dans la nouvelle Assemblée constituante appelée à rédiger une nouvelle Constitution française.

Cinq serontt élus par les citoyens (seulement les Quatre Communes) et cinq les sujets africains.

Les élections ont mis en évidence une nouvelle génération d'africains éduqués en France.

Le 21 octobre 1945, six africains ont été élus : les Quatre Communes ont choisi Lamine Guèye, le Sénégal et la Mauritanie Léopold Sédar Senghor, la Côte d'Ivoire et la Haute-Volte Félix Houphouët-Boigny, le Dahomey et le Togo Sourou-Migan Apithy, le Soudan et le Niger Fily Dabo Sissoko, la Guinée Yacine Diallo.

Ils ont tous été réélus à la 2ème Assemblée constituante le 2 juin 1946.

En 1946, la Loi Lamine Guèye accorda quelques droits de citoyenneté limitée aux autochtones des colonies africaines.

L'Empire français fut rebaptisé Union française le 27 octobre 1946, date de la création de la nouvelle Constitution de la Quatrième République française.

À la fin de 1946, sous la nouvelle constitution, chaque territoire pouvait pour la première fois (à l'exception des Quatre Communes), élire des représentants locaux et des nouveaux conseils généraux.

Ces organes élus n'avaient que des pouvoirs consultatifs limités, bien qu'ils aient approuvé les budgets locaux.

La Loi Cadre du 23 juin 1956 a porté le suffrage universel aux élections tenues après cette date dans toutes les colonies françaises d'Afrique.

Les premières élections au suffrage universel en Afrique occidentale française (AOF) ont été les élections municipales de fin 1956.

Le 31 mars 1957, sous suffrage universel, des élections territoriales ont été organisées dans chacune des huit colonies.

Les dirigeants des partis gagnants ont été nommés aux nouveaux postes de vice-présidents des conseils d'administration respectifs et les gouverneurs coloniaux français sont présidents.

La Constitution de la cinquième République française de 1958 a de nouveau modifié la structure des colonies de l'Union française à la Communauté française.

Chaque territoire devait devenir un «protectorat», l'assemblée consultative devenait Assemblée nationale.

Le gouverneur nommé par les Français a été rebaptisé «Haut Commissaire» et a été nommé comme le nouveau chef de l'Etat de chaque territoire.

L'Assemblée désignera un chef de gouvernement africain, doté de pouvoirs consultatifs auprès du chef de l'Etat.

Juridiquement, la fédération a cessé d'exister après le référendum de septembre 1958 pour approuver cette communauté française.

Toutes les colonies, sauf la Guinée, ont voté pour rester dans la nouvelle structure.

Les Guinéens ont voté massivement pour l'indépendance. En 1960, une nouvelle révision de la constitution française, forcée par l'échec de la guerre d'Indochine française et les tensions en Algérie, ont permis aux membres de la Communauté française de changer unilatéralement leurs propres constitutions.

Le Sénégal et l'ancien Soudan français deviennent la Fédération du Mali (1960-61), tandis que la Côte d'Ivoire, le Niger, la Haute-Volta et le Dahomey forment l'Union du Sahel-Bénin pour une courte durée et plus tard, le Conseil de l'Entente.

Changements territoriaux

La structure administrative des possessions coloniales françaises en Afrique de l'Ouest, bien que plus homogène que les possessions britanniques voisines, était marquée par la variété et le flux.

Tout au long de l'histoire de l'AOF, les colonies individuelles et les territoires militaires ont été réorganisés à de nombreuses reprises, comme l'a été le Gouvernement Général à Dakar.

La Haute-Volta française a été formée et partagée deux fois à des colonies voisines.

Les états futurs de la Mauritanie et du Niger sont restés hors de la fédération jusqu'aux années 1920 et 1940 respectivement. C'étaient des Territoires Militaires, contrôlés directement par l'Armée Française.

La Seconde Guerre mondiale et le passage de la Loi Cadre (Loi de réforme d'outre-mer de 1956), ont radicalement restructuré l'administration des colonies.

Le Togo français, saisi par la France contre l'Allemagne lors de la Première Guerre mondiale, n'était pas pour la plupart de cette période une colonie.

Structure fédérale

En théorie, les gouverneurs généraux de l'AOF ont rendu compte directement au ministre des Colonies à Paris, tandis que les colonies et les territoires individuels n'ont rendu compte qu'à Dakar.

Créée à l'origine en 1895 en tant qu'association du Sénégal, du Soudan français, de la Guinée française et de la Côte d'Ivoire, la fédération a été placée sur une ligne permanente en 1904.

Un gouverneur général a d'abord été basé à Saint-Louis puis à Dakar (au Sénégal, la plus ancienne colonie française).

L'AOF s'est par la suite étendu aux territoires français voisins: le Dahomey a été ajouté en 1904, après avoir été mis sous tutelle coloniale en 1892; la Mauritanie en 1920 et lorsque le territoire de la Haute-Volta a été divisé du Soudan français par un décret colonial en 1921, il est automatiquement entré dans l'AOF.

Entre 1934 et 1937, le territoire du Togo français a été intégré dans le Dahomey et entre sa saisie de l'Allemagne lors de la Première Guerre mondiale et son indépendance, il a été administré par l'AOF.

En 1904, la Mauritanie et le Niger ont été classés «Territoires militaires»: ils ont été gouvernés par l'AOF en collaboration avec les officiers des Forces coloniales françaises.

L'administration coloniale

Chaque colonie de l'Afrique occidentale française était administrée par un lieutenant-gouverneur, responsable devant le gouverneur général à Dakar.

Seul le gouverneur général recevait les ordres de Paris, par l'entremise du ministre des Colonies.

Le Ministre, avec l'approbation de l'Assemblée nationale française, choisissait les lieutenants gouverneur et gouverneurs généraux.

Gouverneurs généraux

16 juin 1895 au 1er novembre 1900 : Jean-Baptiste Émile Louis Barthélémy Chaudié, gouverneur général

1er novembre 1900 au 26 janvier 1902 : Noël Eugène Ballay, gouverneur général

26 janvier 1902 au 15 mars 1902 : Pierre Paul Marie Capest, gouverneur général en exercice

15 mars 1902 au 15 décembre 1907 : Ernest Roume, gouverneur général

15 décembre 1907 à 9 mars 1908 : Martial Henri Merlin, gouverneur général

9 mars 1908 au 13 juin 1915 : Amédée William Merlaud-Ponty, Gouverneur général

Janvier 1912 à août 1912 : Marie François Joseph Clozel, gouverneur général

14 juin 1915 au 3 juin 1917 : Marie François Joseph Clozel, gouverneur général

3 juin 1917 au 22 janvier 1918 : Joost van Vollenhoven, gouverneur général

22 janvier 1918 au 30 juillet 1919 : Gabriel Louis Angoulvant, gouverneur général

30 juillet 1919 au 16 septembre 1919 : Charles Désiré Auguste Brunet, gouverneur général

16 septembre 1919 au 18 mars 1923 : Martial Henri Merlin, gouverneur général

18 mars 1923 au 15 octobre 1930 : Jules Gaston Henri Carde, gouverneur général

15 octobre 1930 au 27 septembre 1936 : Joseph Jules Brévié, gouverneur général

27 septembre 1936 au 14 juillet 1938 : Jules Marcel de Coppet, gouverneur général

14 juillet 1938 au 29 octobre 1938 : Léon Geismar, gouverneur général

29 octobre 1938 au 10 août 1939 : Pierre François Boisson, gouverneur général

10 août 1939 au 25 juin 1940 : Léon Henri Charles Cayla, gouverneur général

25 juin 1940 au 13 juillet 1943 : Pierre François Boisson, gouverneur général 2e mandat

13 juillet 1943 au 2 avril 1946 : Pierre Charles Cournarie, gouverneur général

Mai 1946 au 27 janvier 1948 René : Victor Marie Barthès, Gouverneur général

27 janvier 1948 au 24 mai 1951 : Paul Béchard, gouverneur général

24 mai 1951 au 21 septembre 1952 : Paul Louis Gabriel Chauvet, gouverneur général

21 septembre 1952 au 5 juillet 1956 : Bernard Cornut-Gentille, gouverneur général

5 juillet 1956 au 4 avril 1957 : Gaston Custin, gouverneur général

4 avril 1957 à juillet 1958 : Gaston Custin, Haut Commissaire

Juillet 1958 au 22 décembre 1958 : Pierre Messmer, Haut Commissaire

Grand Conseil de l'Afrique occidentale française

A partir de 1946, un Grand Conseil de l'Afrique occidentale française fut créé à Dakar.

Deux représentants de chaque colonie, généralement le lieutenant-gouverneur et un représentant de la population française, étaient au centre de ce conseil.

Ce conseil n'avait que des pouvoirs consultatifs devant le gouverneur général. Le fonctionnement de ces organismes reposait sur le code juridique de l'indigénat de 1885.

Administration locale

En dépit de cet état de flux, et à l'exception des Communes sénégalaises, la structure administrative de la domination française aux niveaux inférieurs est restée constante et sur la base du système de Cercle.

C'était la plus petite unité de l'administration politique française dirigée par un officier européen en Afrique coloniale française.

Un cercle pouvait varier en taille, mais le Soudan français (Mali moderne) se composait d'une douzaine Cercles pour la plupart de son existence.

Ainsi, un commandant de Cercle pouvait être l'autorité absolue des centaines de milliers d'Africains.

Cercles

Un Cercle se compose de plusieurs cantons, chacun à son tour composé de plusieurs villages. Il a été presque universel dans les colonies africaines de la France de 1895 à 1946.

Le «commandant de cercle» était soumis à l'autorité d'un commandant de district et du gouvernement de la colonie, mais était indépendant sur la structure militaire.

Au-dessous du «commandant de Cercle» se trouvaient une série de «Chefs de canton» africains et de «Chefs du Village»: les «chefs» étaient nommés par les Français.

De plus, le «commandant de Cercle» avait sous son pouvoir un grand nombre de serviteurs, d'employés et d'officiers africains tels que la police «Gardes-de-cercle», les unités militaires détachées par les autorités gouvernementales et les inspecteurs commerciaux, etc…

En raison de la pratique administrative et de l'isolement géographique, les commandants de Cercle ont énormément exercé leur pouvoir sur la vie des africains qui les entouraient.

Les commandants de Cercle avaient également un énorme pouvoir sur la vie économique et politique de leurs territoires.

Juridiquement, tous les Africains en dehors des Quatre Communes du Sénégal étaient des «sujets» en vertu du code juridique indigénat de 1885.

Ce code donnait des pouvoirs sommaires aux administrateurs français, y compris le droit d'arrêter, de punir et d'emprisonner des sujets.

Il a également donné aux autorités locales françaises le droit de réquisitionner le travail forcé, généralement limité aux hommes valides.

Ces «outils» comprenaient l'idéologie de la mission civilisatrice commune dans la période suivant la Première Guerre mondiale.

Chaque nouveau commandant de Cercle pouvait bien apporter avec lui de vastes projets pour le développement et la restructuration de la vie des gens qu'il gouvernait.

Chefs

Un autre fonctionnaire de l'administration locale de l'Afrique occidentale française était le «Chef». Ce sont des africains nommés par des responsables français pour leur loyauté à la France, indépendamment de leurs droits au pouvoir local.

Ces chefs ont été affectés dans tous les territoires français, ainsi que sur les petites structures tribales que les Français ont trouvées dans les zones côtières.

Le canton était alors beaucoup plus petit et qualitativement différent des états pré-coloniaux du Sahel (tel que l'Empire Toucouleur) que les Français conquirent plus tard.

On les appelait Chefs de canton, ou bien on prenait parfois les titres d'états pré-coloniaux.

Cette politique devint plus répandue dans les derniers territoires coloniaux conquis, étant donné que moins d'administrateurs étaient disponibles pour gouverner des territoires plus vastes et peu peuplés, dotés de structures étatiques précoloniales.

Là où ces grandes puissances résistaient aux Français, elles étaient souvent divisées en petites chefferies.

Les grandes organisations politiques qui présentaient un segment de l'élite qui travaillerait avec les Français, ont été maintenues sous une nouvelle direction.

Le Sultan d'Agadez, le Sultan de Damagaram et le Djermakoy de Dosso sont des exemples de ces «Chefs de canton».

Mais même ces dirigeants ont été remplacés par des individus choisis par les autorités françaises.

Indépendamment de la source, les chefs ont eu le droit d'armer un petit nombre de gardiens et de rendre responsables la perception des impôts, le recrutement pour le travail forcé et l'application du «droit coutumier».

En général, les chefs de canton servaient à la demande de leur commandant de cercle.

Géographie

Avec une superficie d'environ 4.689.000 kilomètres carrés (principalement désertique ou semi-désertique) s'étendant du point le plus occidental de l'Afrique jusqu'aux profondeurs du Sahara, la fédération comptait plus de 10 millions d'habitants à sa création et 25 millions à sa dissolution.

L'AOF comprenait toute la vallée du fleuve Sénégal, la plus grande partie de la vallée du fleuve Niger et la majeure partie de la région ouest-africaine du Sahel.

La fédération comprenait également les forêts tropicales de la Côte d'Ivoire et de la Guinée, les hauts plateaux du Fouta Djallon et les montagnes du Niger moderne.

Territoires

Côte d'Ivoire

Dahomey (actuellement Bénin)

Soudan français (actuellement Mali)

Guinée

Mauritanie

Niger

Sénégal

Haute-Volta (actuellement Burkina Faso)

~ 303 ~

Togo Français (actuellement Togo)

Soudan français

Le Soudan français était un territoire colonial français dans la fédération de l'Afrique occidentale française (AOF) de 1880 à 1960, date à laquelle il est devenu l'Etat indépendant du Mali.

La colonie a été formellement appelée Soudan français de 1890 à 1899, puis de 1921 à 1958, et avait une variété de noms différents au cours de son existence.

La colonie a été initialement établie en grande partie comme un projet militaire dirigé par les troupes françaises, mais au milieu des années 1890, elle est passé sous administration civile.

Un certain nombre de réorganisations administratives au début des années 1900 ont amené l'administration française à se focaliser sur des questions comme l'agriculture, la religion et l'esclavage.

Après la Seconde Guerre mondiale, le Rassemblement démocratique africain (RDA) sous Modibo Keita est devenu la force politique la plus importante du Mali jusqu'à l'indépendance.

Le Mali a d'abord maintenu des liens étroits avec la France et a rejoint une fédération de courte durée avec le Sénégal en 1959.

En 1960, la colonie soudanaise française devient officiellement la République du Mali et commence à se distancer davantage du Sénégal et de la France.

Origines

Le Soudan français a été formé à l'origine comme un avant-poste militaire français.

Cette zone n'offrait à la France que peu de bénéfices économiques ou stratégiques.

Cela s'explique en partie par la fascination exercée par les grands empires, tels que l'Empire du Mali et l'Empire de Songhaï.

La conquête française a commencé en 1879, quand Joseph Gallieni a été envoyé dans la région pour établir une enquête sur le terrain dans le but de construire le chemin de fer Sénégal-Niger.

Cela a été suivi par la création d'un certain nombre d'alliances politiques françaises avec les dirigeants de la région au début des années 1880.

La structure administrative de la région était encore largement sous le contrôle du gouverneur français du Sénégal et la colonisation la plus significative était simplement les avant-postes militaires.

Bien que l'administration civile du gouverneur français du Sénégal ait formellement régi la région, les officiers militaires de la région ont largement contourné ces dirigeants et ont répondu directement à Paris.

Desbordes a peu à peu pris en charge plus de territoires, en utilisant les rivalités interethniques et les tensions politiques des dirigeants de la région.

Les administrateurs civils français se sont battus avec les chefs militaires jusqu'à ce que Louis Archinard soit nommé gouverneur militaire en 1892.

Archinard a mené des campagnes militaires contre Samory Touré, Ahmadou Tall et d'autres dirigeants résistants.

Les campagnes d'Archinard étaient souvent exécutées par un contrôle militaire direct, sans surveillance civile.

Au fur et à mesure que les coûts augmentaient, l'administration française décida de remplacer le contrôle d'Archinard par un gouverneur civil, Louis Albert Grodet.

Administration et juridiction

La région a été gouvernée sous un certain nombre de noms différents entre 1880 et 1960.

La région a été rebaptisée Soudan français le 18 août 1890 avec sa capitale à Kayes.

Le 10 octobre 1899, le Soudan français est divisé, les cercles du sud se joignant aux colonies côtières et le reste se divisant en deux zones administratives appelées Moyen Niger et Haut Sénégal.

En 1902, la région a été organisée comme une colonie unifiée sous le nom Sénégambia et Niger.

Le nom a encore changé en 1904 pour devenir Haut Sénégal et Niger.

Enfin, en 1921, la zone redevient Soudan français.

Les frontières et l'administration de la colonie ont été modifiées de façon similaire.

À l'origine, et pour la période initiale, la colonie a vacillé entre l'administration militaire et l'administration civile.

En 1893, le Soudan français est officiellement sous administration civile jusqu'en 1899.

A ce moment, une réorganisation de la colonie a divisé 11 provinces du sud pour obtenir d'autres colonies françaises comme la Guinée française, la Côte d'Ivoire et le Dahomey.

La zone non réorganisée était régie par deux administrations liées à d'autres colonies françaises.

Le territoire de la colonie a été rétabli en 1902.

Bien que les frontières se soient légèrement déplacées, il y a eu peu de changements territoriaux jusqu'en 1933.

À ce moment, la colonie française de la Haute-Volta (Burkina Faso moderne) a été ajouté au Soudan français.

En 1947, la Haute-Volta a été rétablie et les frontières du Soudan français sont devenues celles qui devinrent finalement les frontières du Mali.

Kayes était la capitale originale de 1890 à 1908, quand la capitale a déménagé à Bamako.

Agriculture

La colonie a principalement soutenu l'agriculture.

Les seules cultures de rente étaient des noix rassemblées sur le chemin de fer entre Kayes et Bamako.

Cependant, à la suite de tests réussis de développement du coton en Afrique de l'Ouest pendant la Première Guerre mondiale, Émile Bélime a commencé à faire campagne pour la construction d'un grand système d'irrigation le long du fleuve Niger.

À partir de 1921, d'importants projets d'irrigation autour de Koulikoro, Baguinéda et Ségou ont commencé à apporter de l'eau.

Les Français croyaient que ce projet pouvait rivaliser avec les principaux centres de culture du coton des États-Unis.

Contrairement à d'autres projets agricoles en Afrique de l'Ouest française, le projet d'irrigation du Soudan français s'appuyait initialement sur les familles des lignes établies par l'autorité coloniale.

Incapables d'attirer suffisamment de volontaires, les autorités coloniales ont commencé à essayer de réinstaller le projet cotonnier.

L'Office du Niger a été fondé en 1926 en tant qu'organisation principale facilitant les projets agricoles irrigués planifiés.

Les agriculteurs ont résisté à la réinstallation forcée et ont sollicité des droits fonciers permanents sur les terres irriguées (habituellement détenues comme propriété de l'Office du Niger).

Malgré ces efforts, le Soudan français n'a pas développé d'économie significative.

Politique religieuse

Comme beaucoup du reste de l'Afrique occidentale française, la colonie avait un certain nombre de politiques concernant l'islam et les communautés musulmanes.

La langue arabe et la loi islamique ont été préférées dans la colonie par les Français dans l'établissement du gouvernement colonial, en grande partie parce que les deux ont été codifiés, et donc facile à normaliser.

Bien qu'ils aient maintenu une politique de neutralité formelle en ce qui concerne la religion, l'administration coloniale française a commencé à réglementer l'éducation islamique au début des années 1900.

De plus, la peur d'une émergence politique islamiste dans toute l'Afrique du Nord et dans le Sahel a conduit les Français à adopter des politiques visant à empêcher la propagation de l'islam au-delà de l'endroit où elle existait déjà et à empêcher les dirigeants musulmans de gouverner les communautés non musulmanes.

Les religions indigènes et le christianisme existaient sous des politiques moins formelles et les efforts de la France les utilisaient souvent pour équilibrer la propagation de l'islam dans la région.

Dans les années 1940, les administrateurs locaux ont permis au mouvement Allah Koura de se répandre et de pratiquer l'Islam.

À la fin des années 1950, les manifestations musulmanes et les émeutes à travers la colonie ont contribué à un mouvement d'indépendance croissant.

Politique de l'esclavage

Comme beaucoup du reste de l'Afrique occidentale française, les autorités ont imposé des règles explicites dans une tentative de mettre fin à l'esclavage dans la région.

En 1903, le gouvernement ordonna aux administrateurs français de ne plus utiliser l'esclave comme catégorie administrative.

Cela a été suivi en 1905 par un décret français formel qui a mis fin à l'esclavage dans toute l'Afrique occidentale française.

Près d'un million d'esclaves en Afrique occidentale française y ont réagi en s'éloignant de leurs maîtres et en s'installant ailleurs.

Les Français ont appuyé ces efforts en créant des colonies autour du fleuve Niger et en creusant des puits pour les communautés des autres pays afin qu'ils puissent cultiver loin de leurs anciens maîtres.

Ce processus a affecté les parties méridionale et occidentale du Mali actuel, mais dans les parties nord, un grand nombre d'esclaves sont restés dans la servitude.

D'après des estimations approximatives, dans la région du Mali actuel, environ un tiers des anciens esclaves se sont éloignés de la relation esclavagiste, tandis que les deux tiers restaient avec leurs maîtres.

Dans les années 1920, la plupart des ménages touaregs avaient encore des esclaves qui s'occupaient de la maison et des animaux.

Bien que l'esclavage ait persisté, certains aspects de la relation ont changé avec l'administration française.

Les esclaves évadés pouvaient obtenir une protection officielle des autorités françaises dans les villes pour un temps limité.

Les esclaves pouvaient parfois renégocier les conditions de leur servitude.

Certains étaient disposés à accepter de rester dans la servitude s'ils avaient le contrôle de leur vie familiale et d'une terre à transmettre à leurs enfants.

En outre, l'administration française a travaillé activement pour mettre fin aux raids d'esclaves et aux manifestations les plus claires de la traite négrière, ce qui a considérablement réduit les moyens d'acquérir des esclaves.

Cependant, pendant de nombreuses décennies après l'abolition de l'esclavage en 1905, la pratique s'est poursuivie dans une grande partie du Soudan français.

Fédération du Mali

La Fédération du Mali était une Fédération en Afrique de l'Ouest reliant les colonies françaises du Sénégal et la République soudanaise (ou le Soudan français) pour une période de seulement deux mois en 1960.

Fondée le 4 avril 1959 comme territoire autonome au sein de la Communauté française, elle est devenue indépendante après des négociations avec la France le 20 juin 1960.

Deux mois plus tard, le 19 août 1960, les dirigeants sénégalais ont décidé de quitter la fédération.

Les représentants de la République soudanaise ont coupé les relations diplomatiques avec le Sénégal et ont changé le nom du pays.

Pour la brève existence de la Fédération du Mali, le Premier ministre était Modibo Keïta, qui deviendrait le premier Président de la République du Mali après la dissolution de la Fédération du Mali et son gouvernement était basé à Dakar, au Sénégal.

Contexte

Après la Seconde Guerre mondiale, les colonies de l'Afrique occidentale française ont commencé à lutter de manière significative pour une autodétermination accrue et à redéfinir leurs relations coloniales avec la France.

Après la crise de mai 1958, les colonies de l'Afrique occidentale française ont eu la chance de voter en faveur de l'indépendance immédiate ou de se joindre à une Communauté française réorganisée (accord qui donnerait aux colonies une certaine autodétermination tout en maintenant des liens avec la France).

Seule la Guinée a voté pour l'indépendance totale et les autres colonies de l'Afrique occidentale française ont voté pour rejoindre la Communauté française.

Lors des élections de 1958, deux grands partis ont scindé l'Afrique de l'Ouest: le Rassemblement Démocratique Africain (RDA) et le Parti de Regroupement Africain , Communément appelé (PRA).

Les deux groupes régionaux de partis se sont battus les uns contre les autres sur la question de l'indépendance et sur l'étendue des liens avec la France.

Le RDA était le parti au pouvoir dans la colonie de la Côte d'Ivoire, la colonie française du Soudan et la Guinée tandis que l'ARP était le parti majeur du gouvernement au Sénégal et avait des majorités importantes dans de nombreux pays.

Les deux partis faisaient également partie des gouvernements de coalition en Haute-Volta française, au Niger et au Dahomey français.

Le vote de 1958 a révélé un certain nombre de divisions au sein des partis.

Le RDA a tenu un congrès le 15 novembre 1958 pour discuter des résultats des élections récentes mais la division est devenue évidente avec Modibo Keïta du Soudan français et Doudou Gueye du Sénégal qui plaidaient pour la fédération (une fédération qui inclurait la France et les colonies dans un système unifié).

Félix Houphouët-Boigny de Côte d'Ivoire a rejeté l'idée d'une fédération qui inclurait la France et les colonies dans un système unifié.

L'impasse qui en a résulté a été si grave que, officiellement, la réunion n'a jamais eu lieu.

Formation

Fin novembre 1958, le Soudan français, le Sénégal, la Haute-Volta et le Dahomey ont tous déclaré leur intention de rejoindre la Communauté française et de former une fédération reliant les quatre colonies.

Le Soudan français et le Sénégal, malgré les divisions de longue date entre leurs principaux partis politiques, ont été les plus enthousiastes pour cette fédération, tandis que le Dahomey et la Haute-Volta ont été plus hésitants dans leur désir de rejoindre la fédération.

Le Soudan français a appelé les représentants de chacun des quatre pays (la Mauritanie en tant qu'observateur) à Bamako du 28 au 30 décembre pour discuter de la formation de la fédération.

Le Soudan français et le Sénégal ont été les leaders au congrès avec Modibo Keïta nommé le Président de la réunion et Léopold Sédar Senghor du Sénégal étant le chef de file sur de nombreuses questions, y compris le développement du nom de la Fédération Malienne.

Bien que la Haute-Volta et le Dahomey aient officiellement appuyé la Fédération, la politique de la France et de la Côte d'Ivoire était opposée à la Fédération pour des raisons très personnelles.

Il en résulte que seules les colonies du Soudan français (appelé République soudanaise) et le Sénégal ont participé aux discussions sur la formation de la fédération.

Les élections de mars 1959, tant au Soudan français qu'au Sénégal, ont consolidé le pouvoir des grands partis en faveur de la formation d'une fédération.

Le parti Union Soudanaise-Rassemblement Démocratique Africain (RDA) de Keïta a remporté 76% des voix au Soudan français et tous les sièges de l'assemblée territoriale et l'Union Progressiste Sénégalaise (UPS) de Senghor a remporté 81% des voix et tous les sièges Dans l'assemblée territoriale du Sénégal.

Bien que Senghor ait remporté les élections par une large marge, certains marabouts islamistes conservateurs ont soutenu la candidature de Cheikh Tidjane Sy.

Ce défi au parti de Senghor montrait la faiblesse de la politique nationale de Senghor et exigeait un système complexe d'alliances avec diverses circonscriptions nationales.

Sy a été arrêté le jour des élections à la suite de certaines émeutes qui ont été imputées à son parti.

Après les élections, les assemblées du Sénégal et du Soudan français ont approuvé la fédération et ont commencé le processus de construction d'un système politique pour unir les deux colonies.

Cela impliquait trois projets politiques différents : un gouvernement fédéral, des mouvements sociaux unis (un mouvement ouvrier et de jeunes) et un parti politique partagé pour les deux pays.

Le gouvernement fédéral allait construire une assemblée composée de 20 membres pour chacune des colonies (40 au total), d'un président (qui devait être élu en août 1960) et de six ministres fédéraux (dont trois de chaque colonie). Jusqu'à l'élection du Président, le Premier ministre de la Fédération du Mali devait être Keïta et le Vice-Premier ministre (et le responsable des forces armées) devait être Mamadou Dia du Sénégal.

De plus, dans le cadre du principe de parité, toute initiative législative exigeait la signature du premier ministre (puis du président) et du ministre responsable de cette question.

Les colonies devaient partager entre elles les taxes d'importation et d'exportation perçues au port de Dakar.

Ce partage était avantageux pour le Soudan français, qui avait près d'un tiers de son budget de 1959 fourni par ce revenu fiscal.

Dans le même temps, la fédération malienne a cherché à créer des organisations sociales unifiées qui faciliteraient l'union entre les pays.

Il s'agissait de créer des mouvements syndicaux et des mouvements de jeunesse qui fonctionneraient au niveau fédéral et national et un parti politique unifié.

Le parti politique était le projet majeur puisque les partis au pouvoir dans les deux colonies se sont réunis pour former le Parti de la Fédération Africaine (PFA).

Le PFA était organisé séparément du gouvernement fédéral, mais avec plusieurs membres et dirigeants.

Senghor était le président du parti et Keïta était le secrétaire général; En plus d'avoir une influence régionale, Djibo Bakary du Niger et Emile Zinsou du Dahomey ont été nommés les vice-présidents du parti.

Comme le stipule le premier congrès du PFA en juillet 1959, le parti serait le parti politique unique dans le pays, visant à s'unir à travers les différents groupes ethniques du territoire.

En décembre 1959, la France et la Fédération du Mali entament des négociations sur l'indépendance et la souveraineté de la fédération. Ces négociations ont été formellement entamées lorsque le président français Charles de Gaulle a visité Bamako le 13 décembre 1959 et a duré jusqu'en mars 1960.

Bien que les Français aient résisté plus tôt à la Fédération du Mali, les deux pays ont manifesté leur volonté de rester dans la Communauté française et la zone Franc.

Et ne gardant les bases militaires françaises sur son territoire, les Français ont soutenu la formation de la fédération.

Les négociations sont convenues le 20 juin 1960 pour le jour officiel de l'indépendance de la Fédération du Mali.

Tension politique et dissolution

Les tensions se sont rapidement manifestées au sein de la Fédération du Mali car la planification de la mise en œuvre de la fédération a commencé en 1959 et au début de 1960.

Contrairement à d'autres régions de l'Afrique de l'Ouest française, le Soudan français et le Sénégal n'ont pas eu de mouvements migratoires significatifs pendant la période coloniale.

Ils sont liés entre eux dans la politique économique française et reliés par un chemin de fer clé.

Bien que le principe de parité permette aux deux pays de se rassembler sans craindre de perdre leur souveraineté, il a également entraîné des retombées politiques alors que les différends politiques sont passés d'une arène à l'autre dans toute l'organisation.

De même, la PFA a essayé de combiner deux partis politiques qui se trouvaient dans des situations très différentes.

Le parti politique soudanais ayant obtenu une domination politique alors que le parti sénégalais avait besoin d'un arrangement complexe et d'alliances pour maintenir son autorité.

En outre, certains aspects laissés vagues lors des premières discussions sont devenus des questions clés de débat entre les dirigeants politiques du Sénégal et du Soudan français, car leur articulation est devenue plus importante: y compris les forces armées, le développement d'une bureaucratie indigène, la force du gouvernement fédéral et la relation avec la France.

Enfin, les différentes visions de la colonie entre Senghor et Keïta se sont révélées très difficiles à méditer : Keïta, après la dissolution de la fédération, prétendait qu'il poursuivait le socialisme tandis que Senghor poussait un ordre de la bourgeoisie.

Les désaccords restèrent gérables jusqu'en avril 1960, après la fin des négociations avec la France pour la reconnaissance de l'indépendance.

Le Soudan français a préféré un seul exécutif dans la fédération et le Sénégal a préféré maintenir le principe de parité tel qu'il avait été développé en 1959.

Lorsqu'un congrès de la PFA pour décider de la question s'est soldé par une impasse, les membres de la PFA de l'extérieur de la fédération ont recommandé la création d'un exécutif unique nommé par un nombre égal de représentants du Sénégal et du Soudan français.

Aussi que l'imposition ne serait plus largement partagée entre les deux colonies (une position clé du Sénégal).

Bien que cette question ait été résolue avec l'accord des deux parties, une série de malentendus s'est rapidement produite.

Lorsque le Soudan français a tenté d'enlever une seule base militaire sur ses territoires, cela a été interprété comme une tentative d'éjection des Français du territoire, ce qui a été soupçonné par le Sénégal et la France.

Les tensions ont atteint leur point culminant en août 1960 en prévision de l'élection du Président de la Fédération du Mali.

Cheikh Tidjane Sy, libéré de prison et devenu membre du parti politique de Senghor, a dit qu'il avait été contacté par des représentants du Soudan qui avaient exprimé leur préférence pour un président musulman de la Fédération du Mali plutôt que d'un président catholique (comme Senghor).

Une enquête menée par les alliés politiques de Senghor a révélé que des émissaires français du Soudan avaient visité l'oncle de Sy, lui-même un dirigeant politique musulman.

À peu près à la même époque, Keïta, en tant que Premier ministre de la Fédération du Mali, a commencé à rencontrer officiellement de nombreux dirigeants politiques musulmans du Sénégal, bien qu'il n'y ait aucune preuve de l'affaiblissement de la direction de Senghor.

Le 15 août, Senghor, Dia et d'autres dirigeants politiques du Sénégal ont commencé à travailler sur la façon d'obtenir le Sénégal hors de la Fédération.

Mamadou Dia, en tant que vice-Premier ministre et responsable de la défense nationale, a commencé à surveiller la disponibilité de diverses unités militaires au cas où la situation politique deviendrait hostile.

Ces questions aux différentes unités militaires ont provoqué la panique de Keïta et des politiciens du Soudan français.

Le 19 août, avec des rapports de paysans sénégalais armés à Dakar, Keïta a déclaré l'état d'urgence et mobilisé les forces armées.

Senghor et Dia ont entouré la maison de Keïta et les bureaux du gouvernement.

Le Sénégal a déclaré son indépendance de la Fédération du Mali le 20 août.

Il y a eu peu de violence et les responsables du Soudan français ont été envoyés sur un train fermé à Bamako le 22 août.

Les pays indépendants du Sénégal et de la République du Mali ont été reconnus par la plupart des pays à la mi-septembre et acceptés aux Nations Unies à la fin de septembre 1960.

La France et la plupart des autres pays ont reconnu les deux colonies comme des pays indépendants séparés le 12 septembre 1960.

Le parti Union Soudanais-Rassemblement Démocratique Africain au Soudan français a adopté le slogan "Le Mali Continue" et lors d'une réunion le 22 septembre, le parti a décidé de renommer le pays Mali et de rompre ses liens avec la Communauté française.

L'admission aux Nations Unies pour les deux pays a été retardée jusqu'à la fin de septembre à la suite du conflit de la Fédération du Mali.

Indépendance et naissance de la République du Mali

Suite au retrait du Sénégal de la fédération en août 1960, l'ancienne République soudanaise est devenue la République du Mali le 22 septembre 1960, avec Modibo Keïta comme président.

Le président Modibo Keïta, dont le parti Union soudanais-Rassemblement démocratique africain (US / RDA) avait dominé la politique d'avant l'indépendance (en tant que membre du Rassemblement Démocratique Africain), a rapidement instauré le parti unique et une politique socialiste.

Keïta s'est retiré de la Communauté française et avait également des liens étroits avec le bloc de l'Est.

Une économie en perpétuelle détérioration a conduit à une décision de rejoindre la Zone Franc en 1967 et de modifier certains des excès économiques.

Comité militaire pour la libération nationale (CMLN)

Le 19 novembre 1968, un groupe de jeunes officiers a organisé un coup d'État sans effusion de sang et a mis sur pied un Comité militaire pour la libération nationale (CMLN) composé de 14 membres, dont le lieutenant Moussa Traoré qui a été nommé président.

Les dirigeants militaires ont tenté de poursuivre les réformes économiques, mais pendant plusieurs années ont été confrontés à des luttes politiques internes débilitantes et à la sécheresse sahélienne.

Une nouvelle constitution approuvée en 1974 a été conçue pour déplacer le Mali vers le régime civil.

Cependant, les chefs militaires restaient au pouvoir.

En septembre 1976, un nouveau parti politique a été créé, l'Union démocratique du peuple malien (UDPM), basée sur le concept de centralisme démocratique.

Des élections présidentielles et législatives à parti unique ont eu lieu en juin 1979 et le général Moussa Traoré a reçu 99% des voix.

Ses efforts pour consolider le gouvernement à parti unique ont été contestés en 1980 par des manifestations anti-gouvernementales dirigées par des étudiants qui ont mené trois tentatives de coup d'État.

La situation politique s'est stabilisée en 1981 et 1982 et est restée généralement calme tout au long des années 1980.

Cependant, à la fin de décembre 1985, un différend frontalier entre le Mali et le Burkina Faso sur la bande riche en minerais d'Agacher a fait irruption dans une brève guerre.

L'UDPM a étendu sa structure des Cercles et des Arrondissements à travers tout le pays.

Passant son attention aux difficultés économiques du Mali, le gouvernement a approuvé des plans pour certaines réformes du système d'entreprise d'État et a tenté de contrôler la corruption publique.

Il a mis en œuvre la libéralisation du marché des céréales, créé de nouvelles incitations à l'entreprise privée et élaboré un nouvel accord d'ajustement structurel avec le Fonds monétaire international (FMI).

Mais la population est devenue de plus en plus insatisfaite des mesures d'austérité imposées par le plan du FMI ainsi que leur perception que l'élite dirigeante n'était pas soumise aux mêmes restrictions.

En réponse à la demande croissante de démocratie multipartite qui balayait alors le continent, le régime de Traoré a permis une libéralisation politique limitée.

Lors des élections de l'Assemblée nationale en juin 1988, plusieurs candidats de l'UDPM ont été autorisés à obtenir des sièges et le régime a organisé des conférences nationales pour examiner comment mettre en œuvre la démocratie dans le cadre d'un seul parti.

Néanmoins, le régime a refusé d'instaurer un système démocratique à part entière.

Cependant, en 1990, des mouvements d'opposition cohésifs ont commencé à se manifester, notamment le Comité d'initiative démocratique nationale et l'Alliance pour la démocratie au Mali (ADEMA).

La situation politique de plus en plus turbulente a été compliquée par la montée de la violence ethnique dans le nord au milieu des années 1990.

Le retour au Mali d'un grand nombre de Touareg qui avaient émigré en Algérie et en Libye pendant la sécheresse prolongée a augmenté les tensions dans la région entre les nomades Touaregs et la population sédentaire.

Craignant un mouvement sécessionniste touareg dans le nord, le régime de Traoré a imposé un état d'urgence et a réprimé sévèrement les troubles touaregs.

Malgré la signature d'un accord de paix en janvier 1991, des troubles et des affrontements armés périodiques se sont poursuivis.

Transition vers la démocratie multipartite

Comme dans d'autres pays africains, les demandes de démocratie multipartite ont augmenté.

Le gouvernement Traoré a permis une certaine ouverture du système, y compris la création d'une presse indépendante et des associations politiques indépendantes, mais a insisté sur le fait que le Mali n'était pas prêt pour la démocratie.

Au début de 1991, des émeutes anti-gouvernementales dirigées par des étudiants ont éclaté de nouveau, mais cette fois, elle a aussi été soutenue par des travailleurs gouvernementaux et d'autres.

Le 26 mars 1991, après quatre jours d'émeutes anti-gouvernementales intenses, un groupe de 17 militaires, dirigé par Amadou Toumani Touré, a arrêté le président Traoré et suspendu la constitution.

En quelques jours, ces officiers se sont joints au Comité de coordination des associations démocratiques pour constituer un organe dirigeant majoritairement civil composé de 25 membres, le Comité transitoire pour le salut du peuple (CTSP).

Le CTSP a ensuite nommé un gouvernement dirigé par des civils.

Une conférence nationale tenue en août 1991 a produit un projet de constitution (approuvé par référendum le 12 janvier 1992), une charte des partis politiques et un code électoral.

Les partis politiques ont pu se former librement.

Entre janvier et avril 1992, un président, l'Assemblée nationale et des conseils municipaux ont été élus.

Le 8 juin 1992, Alpha Oumar Konaré, candidat de l'ADEMA, a été élu en tant que président de la Troisième République du Mali.

En 1997, les tentatives de renouvellement des institutions locales par des élections démocratiques se sont heurtées à des difficultés administratives, entraînant l'annulation par la cour des élections législatives d'avril 1997.

L'exercice a néanmoins démontré l'énorme force du parti ADEMA du président Konaré.

Lors des élections législatives du 21 juillet, l'ADEMA a obtenu plus de 80% des sièges de l'Assemblée nationale.

Konaré a démissionné après sa limite constitutionnelle de deux mandats et n'a pas participé aux élections de 2002.

Touré réapparut alors, cette fois comme civil.

Touré en tant qu'indépendant sur une plate-forme d'unité nationale, a remporté la présidence contre le candidat de l'Adema.

Touré avait conservé une grande popularité en raison de son rôle dans le gouvernement de transition (1991-1992).

L'élection de 2002 a marqué la première transition réussie du Mali d'un président démocratiquement élu, malgré la persistance des irrégularités électorales et le faible taux de participation.

Aux élections législatives de 2002, aucun parti n'a obtenu la majorité; Touré a ensuite nommé un gouvernement politiquement inclusif et s'est engagé à s'attaquer aux problèmes sociaux et économiques du Mali.

Coup d'État de 2012 au Mali

Le coup d'État militaire de 2012 au Mali est un évènement majeur de l'insurrection malienne de 2012 ayant débuté à partir du 21 mars 2012.

Contexte

L'armée malienne est engagée depuis le 17 janvier 2012 dans une guerre dans le Nord du pays contre les rebelles touaregs du Mouvement national pour la libération de l'Azawad (MNLA) et les djihadistes d'Ansar Dine.

L'armée subit plusieurs revers, elle souffre d'un manque de moyens par rapport aux Touaregs qui bénéficient d'un important matériel et d'armes lourdes récupérées à la suite de la chute de Kadhafi en 2011.

Le moral des troupes est au plus bas, les officiers supérieurs sont soupçonnés de népotisme, de favoritisme et de corruption, de détourner l'argent destiné à l'équipement militaire alors que le salaire de base d'un soldat est de 40 000 francs CFA par mois.

Fin janvier et début février, des manifestations de femmes de militaires réclament des « munitions pour leurs hommes ».

À un mois d'échéance des élections présidentielles, l'autorité du président de la république Amadou Toumani Touré, qui a annoncé qu'il ne se représenterait pas, est remise en cause.

Chronologie

Les sources s'accordent à dire que le coup d'État n'a pas été préparé à l'avance mais est le fruit d'une escalade d'évènements.

Le 21 mars, Sadio Gassama, ministre de la Défense et des anciens combattants et le général Gabriel Poudiougou, chef d'état-major général des armées, se rendent au camp militaire Soundiata Keïta à Kati pour évoquer l'évolution de la situation au Nord-Mali.

Ils sont pris à partie par des militaires mécontents, essuient des jets de pierre, leurs gardes du corps tirent en l'air pour pouvoir s'enfuir.

Les militaires en colère se dirigent alors vers l'armurerie et font mains basses sur armes et munitions.

Ils s'emparent des quatre automitrailleuses BRDM-2 et des deux transports de troupe BTR-60 stationnés à Kati puis partent vers la capitale.

À 15 h 30, ils attaquent la Présidence : les bérets rouges, parachutistes qui forment la garde d'Amadou Toumani Touré résistent jusque vers 21 h où l'enceinte du palais est forcée : les mutins ne peuvent mettre la main sur le Président qui a été exfiltré vers 18 h, les bâtiments sont alors pillés et partiellement incendiés.

En fin d'après-midi, une centaine d'hommes investissent le bâtiment de l'Office de la radio-télévision malienne (ORTM) au centre de Bamako. La radio nationale suspend ses programmes.

En soirée, une mutinerie éclate également à Gao, siège du commandement des opérations militaires contre les rebelles du Nord, des officiers loyalistes sont emprisonnés.

Les soldats envoyés au Nord se plaignent des « évacuations préventives » des camps militaires présentées par le gouvernement comme « une stratégie de protection » de la population civile.

Les mutins multiplient les arrestations dans la nuit : Adama Sangaré, maire de Bamako, Modibo Sidibé, ancien Premier ministre et candidat à l'élection présidentielle, Jeamille Bittar, président du Conseil économique, social et culturel (CESC) et candidat de l'Union des Mouvements et associations du Mali (Umam), le général Kafougouna Koné, ministre de l'Administration territoriale et des Collectivités locales, Abdoul Wahab Berthé, ministre de la fonction publique, Soumeylou Boubèye Maïga, ministre des Affaires étrangères, Sidiki Konaté, ministre de la communication et porte-parole du gouvernement, Agatham Ag Alhassane, ministre de l'Agriculture, Marafa Traoré, ministre de la Justice, Mohamed El Moctar, ministre du tourisme. Les prisonniers sont conduits au camp Soundiata Keïta de Kati devenus le siège du putsch.

Le 22 mars, les mutins, constitués en Comité national pour le redressement de la démocratie et la restauration de l'État (CNRDRE) font une déclaration à la télévision nationale.

Le lieutenant Amadou Konaré, porte-parole du comité annonce la suspension de la Constitution et la dissolution des institutions de la République.

Il justifie le coup d'État par « l'incapacité du gouvernement à donner aux forces armées les moyens nécessaires de défendre l'intégrité de notre territoire national ».

Il précise que le CNRDR prend « l'engagement solennel de restituer le pouvoir a un président démocratiquement élu dès que l'unité nationale et l'intégrité territoriale seront rétablies ».

Amadou Haya Sanogo, chef de la junte, annonce l'instauration d'un couvre-feu à partir du jeudi 22 mars.

Dans la matinée, plusieurs responsables de la police, dont le commissaire divisionnaire, le contrôleur général de la police nationale et des hauts gradés de l'armée sont arrêtés.

À 11 h, Amadou Konaré annonce à la télévision nationale la fermeture des frontières.

Il ordonne aux militaires de cesser les tirs de sommation et appelle la population à rester chez elle en attendant la reprise du travail mardi matin.

À Kayes, des soldats mutins arrêtent le gouverneur de la région et le commandant de cercle.

Des scènes de pillages menées par des soldats ont lieu à Bamako.

Le CNRDR diffuse à la télévision un nouveau communiqué. Amadou Haya Sanogo demande à la « population malienne de rester sereine et de garder son calme » assurant que les dispositions sont prises pour « assurer la sécurité des personnes et des biens ». Il précise qu'un couvre-feu est décrété à partir de ce jour à 18 h20.

Dans un communiqué, le parti Yéléma de Moussa Mara, fait part de sa « consternation » devant le coup d'État et appelle les putschistes à renforcer le dispositif militaire dans le nord du pays et à réaliser l'unité nationale.

Le parti Solidarité africaine pour la démocratie et l'indépendance (Sadi) publie le 22 mars un communiqué rappelant qu'il demandait la démission du président Amadou Toumani Touré depuis le 9 février, et soutenant le coup d'État.

Il se propose « d'accompagner le CNRDR, avec les forces vives progressistes, pour sauver le pays ».

Le putsch est porté par les jeunes soldats de l'armée ; tous les officiers supérieurs ont refusé d'y prendre part.

Ibrahim Boubacar Keïta, président du Rassemblement pour le Mali, ancien Premier ministre et candidat à l'élection présidentielle publie un communiqué pour condamner le coup d'État, qualifié de « coup d'arrêt à notre projet commun de changement pour un développement démocratique, auquel le peuple malien adhère dans son écrasante majorité ».

L'Alliance pour la démocratie au Mali (Adéma) condamne fermement ce coup de force qui constitue un recul grave pour la démocratie et exige le retour à une vie constitutionnelle normale dans les meilleurs délais.

Le principal parti politique malien demande le rétablissement de la paix dans le nord du pays et l'organisation d'élections libres et transparentes.

Soumaïla Cissé, candidat à l'élection présidentielle, a invité les maliens à se tenir debout et à exiger la restauration des institutions et le respect des règles républicaines, qualifiant le coup d'État d'acte réactionnaire le plus bas de l'histoire politique du Mali au cours des 20 dernières années.

Le 24 mars, alors que personne ne sait où se trouve le président Amadou Toumani Touré, dix partis politiques maliens, l'Alliance pour la démocratie au Mali-Parti africain pour la solidarité et la justice (Adéma-Pasj), l'Union pour la république et la démocratie (URD), le Parti pour le développement économique et la solidarité (PDES), l'Union pour la démocratie et le développement, l'Union des forces démocratiques pour le progrès (UFDP), le Mouvement patriotique pour le renouveau (MPR), le Parti de la solidarité et du progrès (PSP), le Parti pour la démocratie et la justice (PDJ), le Parti pour la démocratie et le progrès (PDP), le Mouvement pour la démocratie et le développement (MDD), signent une déclaration commune condamnant le « coup de force » et exigeant le retour à la normale. Ils sont rejoints par plusieurs associations et par les principaux syndicats comme l'Union nationale des travailleurs du Mali.

Les frontières sont partiellement rouvertes à partir du 26 mars, pour permettre l'acheminement des denrées de première nécessité et du carburant.

L'espace aérien est ouvert uniquement au transport civil entre 20 h et 1 h du matin.

Dans une déclaration à la télévision malienne, le capitaine Amadou Sanogo appelle les rebelles touaregs « à cesser les hostilités et à rejoindre dans les plus brefs délais la table de négociation », précisant que « tout est négociable à l'exception de l'intégrité du territoire national et de l'unité de notre pays ».

Le 27 mars, le couvre-feu est levé et deux prisonniers politiques sont libérés. Les chefs d'État de la Cédéao réunis à Abidjan décident de suspendre le Mali de l'organisation afin de sanctionner les putschistes.

Ils décident également l'envoi d'une délégation composée des présidents ivoirien, béninois, burkinabé, nigérien et libérien et menacent la junte d'une « action armée » soutenue par la Côte d'Ivoire, le Niger, le Nigeria et le Ghana.

Le 28 mars, le président Amadou Toumani Touré, déclare qu'il est en bonne santé et se trouve au Mali. Il soutient le plan de sortie de crise proposé par la Cédéao.

La junte militaire adopte une loi fondamentale pour remplacer la constitution suspendue. Elle est composée de 70 articles et d'un préambule stipulant que le peuple malien « affirme solennellement sa détermination par le présent acte de perpétuer un État de droit et de démocratie pluraliste dans lequel les droits fondamentaux de l'Homme, les libertés publiques, la dignité de la personne humaine et la justice sont garanties ».

Le texte précise que le Comité national pour le redressement de la démocratie et la restauration de l'État est l'organe suprême de la transition et qu'il est composé de 26 membres issus des forces armées et de sécurité et 15 membres issus des forces vives de la nation.

Son président assure les fonctions de chef de l'État.

À l'issue de la période de transition dont la durée n'est pas définie, aucun membre du CNRDR et du gouvernement nommé par son président ne pourra être candidat aux élections présidentielles et législatives.

Amadou Haya Sanogo a nommé par ordonnances les nouveaux responsables des forces armées : le colonel-major Yamoussa Camara est nommé secrétaire général du ministère de la Défense et des Anciens combattants, le colonel Dahirou Dembélé chef d'état-major général des Armées, colonel Ibrahim Fané chef d'état-major de l'armée de terre, colonel Abdoulaye Coulibaly commandant de la 5e région militaire de Tombouctou, colonel Moussa Sinko Coulibaly directeur de cabinet du chef de l'État, colonel Sidi Alassane Touré directeur général de la sécurité d'État.

Le 29 mars, pour la première fois, des partisans du putsch affrontent violemment les opposants réunis en meeting à la bourse du travail de Bamako, les jets de pierre font plusieurs blessés graves et l'armée intervient.

Les manifestations à la bourse du travail sont interdites, les militaires arrêtent 26 leaders antiputschistes, 6 sont retenus en détention au camp de Kati, les autres sont relâchés.

Au même moment, une manifestation des partisans de la junte sur le tarmac de l'aéroport de Bamako empêche l'avion transportant les délégations des chefs d'État de la Cédéao d'atterrir.

La Cédéao lance un ultimatum à la junte, leur demandant de rétablir l'ordre constitutionnel dans un délai de 72 heures.

À défaut, la Cédéao prendra des sanctions diplomatiques et financières contre la junte : interdiction de voyager et un gel des avoirs dans la région pour les membres de la junte mais aussi fermeture des frontières, la fermeture de l'accès aux ports des pays côtiers de la zone et un gel des comptes du Mali à la Banque centrale des États de l'Afrique de l'Ouest (BCEAO).

Le 30 mars, alors que le MNLA et Ansar Dine ont pris la ville de Kidal, et que l'armée évacuent les localités d'Ansongo et de Bourem pour se regrouper et renforcer ses positions à Gao,

Amadou Haya Sanogo, déclare que les rebelles continuent à terroriser nos populations et que l'armée aurait besoin du soutien des amis du Mali.

Le MNLA s'empare de la ville de Gao et de celle de Sango sur la frontière du Niger.

Le 1er avril 2012, le capitaine Amadou Haya Sanogo annonce qu'il rétablit la Constitution de la république du Mali du 25 février 1992 et les institutions, et promet des "consultations avec les forces vives du pays" dans le cadre d'une "transition".

Le 2 avril, la Cédéao décide de la mise en place immédiate de sa force d'attente et un embargo total considérant que la junte n'avait pas remis en place comme demandé l'ordre constitutionnel.

Le pouvoir annonce la tenue à partir du 5 avril d'une conférence nationale sur l'avenir du Mali à laquelle sont conviés tous les partis politiques et la société civile et annonce des poursuites judiciaires contre Amadou Toumani Touré pour haute trahison et malversation financière.

Le 3 avril, les chefs d'État et de gouvernement de l'Union africaine réunis à Addis-Abeba (Éthiopie) prennent des sanctions (interdiction de voyager et gel des actifs) contre le chef et les membres de la junte militaire, tous les individus et entités qui contribuent d'une façon ou d'une autre au maintien du statu quo anticonstitutionnel, ainsi que les dirigeants et membres des groupes armés et rebelles dans le nord du Mali.

Le 4 avril, le Conseil de sécurité des Nations unies a adopté une déclaration réitérant son appel en faveur du rétablissement immédiat de l'ordre constitutionnel et du gouvernement démocratiquement élu et demandant à la junte d'assurer la sécurité de toutes les personnalités maliennes et la libération de celles qui sont détenues.

La junte annonce le report de la convention nationale qu'elle avait convoqué à partir du 5 avril. Les partis politiques et la société civile opposé au coup d'État ont annoncé leur refus d'y participer.

Le 6 avril, la junte signe un accord de sortie de crise avec la médiation ouest-africaine dans lequel elle s'engage à rendre le pouvoir au civil après la démission du président de la république renversé lors du coup d'État.

Le président de l'assemblée nationale assurera la transition. L'accord prévoit la nomination d'un Premier ministre de transition qui aura tous les pouvoirs pour l'organisation des élections dans un délai de 40 jours.

Une loi d'amnistie contre les auteurs du coup d'État sera adoptée. La Cédéao décide le 8 avril de lever toutes les sanctions prises contre le Mali.

Le 8 avril, le président Amadou Toumani Touré a officiellement présenté sa démission dans une lettre remis à Djibrill Bassolé, ministre des affaires étrangères burkinabè.

Le 10 avril, la Cour constitutionnelle du Mali constate officiellement la vacance de la présidence, annonce que Dioncounda Traoré, président de l'Assemblée nationale, assure l'intérim du président de la République et précise que le scrutin en vue de l'élection du nouveau président de la République doit être organisé 21 jours au moins et 40 jours au plus à compter de la notification du présent arrêt.

Du 16 au 18 avril, des hommes politiques et des militaires proches du président renversé ont été arrêtés par des hommes armés.

Le 17 avril, cheick Modibo Diarra est nommé Premier ministre.

Le 19 avril au soir, Amadou Toumani Touré est exilé au Sénégal pour un temps indéterminé, partant de Bamako en avion présidentiel sénégalais et arrivant à Dakar avec une quinzaine de membres de sa famille, cet exil ayant été autorisé par la junte, encore au pouvoir.

Le même jour, les 22 responsables civils et militaires arrêtés les jours précédents, sont libérés mais toujours menacés de poursuites judiciaires ultérieures notamment pour détention d'armes, qui auraient été découvertes au domicile de certains d'entre eux, selon la gendarmerie.

Ils seraient soupçonnés de vouloir mener un contre-coup d'État, alors que le pays n'a toujours pas de gouvernement de transition et que les négociations se poursuivent.

Le 25 avril, cheick Modibo Diarra forme un gouvernement de transition, réduit à 24 membres, composé surtout de techniciens et de militaires, avec notamment pour mission difficile de ramener la paix dans le nord du pays occupé par des groupes armés.

Trois militaires, des gradés proches de la junte militaire, y figurent : le colonel-major Yamoussa Camara à la Défense, le colonel Moussa Sinko Coulibaly à l'Administration territoriale (Intérieur), et le général Tiéfing Konaté à la Protection civile.

Cette nouvelle équipe comprend aussi trois femmes, dont l'une est originaire du Nord.

Le 26 avril, avec la déclaration des chefs d'État de la Cédéao, réunis en sommet extraordinaire à Abidjan, le comité militaire est prié de se soumettre aux autorités civiles, ses membres de retourner dans les casernes, et le mandat des autorités de transition est prolongé à douze mois.

De plus, il est prévu d'envoyer une force militaire régionale à Bamako pour sécuriser les organes de la transition et le gouvernement intérimaire en attendant que le processus arrive à son terme.

Il s'agirait aussi de contrer d'éventuelles attaques au sud du pays menées par les rebelles touaregs.

Le 28 avril, les militaires putschistes rejettent les recommandations des chefs d'État ouest-africains, notamment l'envoi d'une force régionale, sauf sur demande officielle et uniquement selon les besoins exprimés.

De plus, le délai d'un an pour effectuer la transition démocratique est aussi rejeté par Sanogo.

Selon Sanogo, toutes les décisions prises à Abidjan ont été prises sans la concertation des maliens.

Le 1er mai au matin, l'ex-junte affirme contrôler la situation après des combats ayant opposés les bérets-verts, ex-putschistes du capitaine Sanogo, aux bérets-rouge de l'ex-président Amadou Toumani Touré.

Les combats violents à Bamako se déroulent le 30 avril et le 1er mai, et le pouvoir effectif reste finalement sous contrôle des "ex-putschistes" dirigé par le capitaine Sanogo.

La "transition démocratique", sous très haute surveillance du pouvoir militaire, échoue à tenir des élections au mois de mai, dans les délais prévus par l'accord du 6 avril.

Les négociations entre le pouvoir de Bamako et les rebelles du Nord sont morts et l'intégrité territoriale n'est toujours pas restaurée.

Le président de la transition, Dioncounda Traoré, âgé de 70 ans, est agressé très violemment le 21 mai par des manifestants opposés à son maintien au pouvoir et ayant pénétré dans son bureau.

Eprouvé physiquement, il part pour Paris le 23 mai, officiellement pour des analyses médicales complémentaires au Val-de-Grâce.

Réactions internationales

Dès le 22 mars, la Communauté économique des États de l'Afrique de l'Ouest (Cédéao) et l'Union africaine condamnent « fermement » les mutins et leur « coup d'État anticonstitutionnel ».

Le 24 mars, l'Union africaine suspend le Mali et son président Jean Ping menace la junte « d'appliquer des sanctions comme le gel des avoirs et l'interdiction de voyager aux auteurs de ce coup d'État » si « les choses ne retournent pas à la normale ».

Une mission conjointe de la Communauté économique des États de l'Afrique de l'Ouest (CEDEAO), de l'Union africaine et de l'Organisation des Nations unies pour l'Afrique de l'Ouest, présidée par Kadré Désiré Ouédraogo, se rend à Bamako et est reçue par Amadou Sanogo.

Le 23 mars, les membres du Conseil de sécurité des Nations unies condamnent fermement l'action des éléments des forces armées maliennes, qui se sont emparées par la force du pouvoir confié au gouvernement démocratiquement élu du Mali et demandent le rétablissement immédiat de l'ordre constitutionnel et du gouvernement démocratiquement élu, ainsi que la libération des responsables maliens détenus.

En Afrique, l'Algérie, le Bénin, le Cameroun, le Ghana, la Mauritanie, le Niger, le Nigeria, le Sénégal condamnent le coup d'État et exigent le rétablissement de l'ordre constitutionnel.

En France, le gouvernement condamne le coup d'État, demande l'organisation rapide des élections prévues et annonce la suspension des coopérations régaliennes avec le Mali, à l'exception de l'aide alimentaire et de la lutte contre le terrorisme.

François Hollande, candidat socialiste à l'élection présidentielle française condamne sans réserve le coup d'État.

Le coup d'État est également condamné par le Canada et les États-Unis.

L'Organisation de la coopération islamique (OCI) se déclare profondément choqué par le coup d'État et demande aux putschistes de respecter la démocratie et permettre rapidement au peuple malien de s'exprimer librement sur la situation dans le pays.

~ 366 ~

Guerre du Mali

La guerre du Mali est un conflit armé qui a lieu au Mali depuis 2012, à la suite d'une insurrection du MNLA, le mouvement salafiste djihadiste et indépendantiste pro-Azawad.

Le conflit est une des conséquences de la guerre civile libyenne.

Après le renversement du régime de Kadhafi, des arsenaux militaires sont pillés par des groupes armés, tandis que des mercenaires touaregs au service de la Jamahiriya arabe libyenne fuient vers le Sahara et rejoignent des mouvements rebelles avec armes et bagages.

Le 17 janvier, les rebelles touaregs du MNLA (indépendantiste) et d'Ansar Dine (salafiste) déclenchent la cinquième rébellion touarègue contre le Mali.

Bientôt rejoints par les djihadistes d'AQMI et du MUJAO, ils prennent Aguel'hoc, Ménaka et Tessalit.

À la suite de ces défaites, le capitaine Sanogo et une partie de l'armée malienne tente un coup d'État en mars qui provoque des affrontements entre bérets verts et bérets rouges et désorganise les opérations au nord.

Les rebelles en profitent et s'emparent de Kidal, Tombouctou et Gao.

Le 6 avril, le MNLA annonce la fin de son offensive et proclame l'indépendance de l'Azawad.

Les combats ont alors fait des centaines de morts et des centaines de milliers de réfugiés.

Cependant les groupes armés se déchirent à leur tour. Les divergences entre le MNLA et Ansar Dine brisent leur alliance et en juin, les indépendantistes sont chassés de Gao par le MUJAO et AQMI et doivent abandonner Tombouctou.

En novembre, le MNLA tente une contre-attaque, mais il est repoussé près d'Ansongo, puis il perd le contrôle de Ménaka.

Fin 2012, les négociations échouent et en janvier 2013, les djihadistes lancent une offensive sur Ségou et Mopti au sud du Mali.

Cette attaque provoque l'entrée en guerre de la France, avec le lancement de l'opération Serval, et de plusieurs pays africains de la CEDEAO dans le cadre de la MISMA.

En quelques jours, les islamistes sont repoussés à Konna et Diabaly, puis Gao et Tombouctou sont reprises.

Les forces djihadistes en déroute abandonnent les villes, dont certaines comme Kidal sont reprises par le MNLA, et se retranchent dans l'Adrar Tigharghar, situé dans l'Adrar des Ifoghas.

En mars, Tigharghar, la principale base djihadiste au Mali, est conquise au terme d'une offensive franco-tchadienne.

De nombreux combattants islamistes désertent, changent de camp ou fuient à l'étranger, d'autres en revanche poursuivent la guérilla, posent des mines et mènent des attentats.

Des affrontements ponctuels opposent également le gouvernement malien aux indépendantistes qui refusent la venue de l'armée malienne dans la région de Kidal.

Le 18 juin 2013, après deux semaines de négociations, le gouvernement de transition malien et les rebelles du MNLA, du HCUA et du MAA signent un accord de cessez-le-feu qui permet le retour des autorités maliennes à Kidal et la tenue de l'élection présidentielle le 28 juillet 2013.

De son côté l'ONU prend le relais de la MISMA et met en place la MINUSMA, tandis que l'Union européenne engage la mission de formation de l'Union européenne au Mali.

Les affrontements entre l'armée malienne et les rebelles touaregs et arabes reprennent en mai 2014.

Les Maliens sont vaincus à Kidal et chassés de la ville par les rebelles qui reprennent le contrôle de la quasi-totalité de la région de Kidal et de la plus grande partie de la région de Gao.

Rassemblées au sein d'une alliance appelée la Plateforme des mouvements du 14 juin 2014 d'Alger, des milices loyalistes passent alors à l'offensive contre les rebelles, désormais regroupés au sein de la Coordination des mouvements de l'Azawad (CMA).

Après plusieurs mois de combats, un accord de paix, l'Accord d'Alger, est conclu et signé le 15 mai et le 20 juin 2015.

Contexte

Les Touaregs appartiennent à l'ensemble ethno-linguistique des Berbères. Leur population générale est difficile à évaluer et serait aux alentours de 1,5 million, dont 550 000 au Mali.

Ce conflit s'inscrit dans une suite d'insurrections généralement baptisées « rébellions touarègues », qui a non seulement opposé certains membres du peuple touareg aux gouvernements du Mali et du Niger, mais aussi les Touaregs entre eux et les

Touaregs avec les autres populations (Songhaï, Peul, Sahraoui, Arabe…).

Depuis 1916, on compte plusieurs conflits principaux :

La rébellion touarègue de 1916-1917 au Niger

À partir de 1958, le Mouvement populaire de l'Azawad (MPA), revendique la constitution d'un État touareg.

La rébellion touarègue de 1962-1964 au Mali, généralement appelé "première rébellion touareg", fut durement réprimée par l'armée malienne.

Frappés également par la sécheresse des années 1970, les Touaregs se réfugient en Algérie et en Libye où dans les camps, les jeunes sont entraînés et enrôlés par l'armée.

En 1988, le Mouvement populaire de libération de l'Azawad (MPLA) est créé.

La rébellion touarègue de 1990-1996 au Mali et au Niger

Elle débuta en 1990, deux ans après la création du Mouvement populaire de libération de l'Azawad.

Au Mali, une première période de conflit (octobre-décembre 1990) aboutit à la signature des Accords de Tamanrasset en 1991 et du Pacte national en 1992, mais qui ne marqua pas la fin définitive des hostilités.

Des conflits réapparurent en 1994-1995 et la paix fut finalement scellée le 27 mars 1996 à Tombouctou lors de la cérémonie de la Flamme de la Paix, durant laquelle les rebelles touaregs brûlèrent 3 000 armes utilisées durant la rébellion.

La rébellion touarègue de 2006 au Mali, aboutissant aux accords d'Alger (signés le 4 juillet 2006)

La rébellion touarègue de 2007-2009, au Niger et au Mali

Des affrontements inter-communautaires se greffent également au conflit malien, surtout à partir de 2013.

Des combats ont ainsi lieu à In Khalil et Bordj Badji Mokhtar entre Touaregs idnanes (proches du MNLA) et Arabes bérabiches (proches du MUJAO, puis du MAA), à Anéfis et Tabankort entre Arabes lamhar (proches du MUJAO, puis du MAA) et Arabes kountas (proches du MNLA) et à Tin-Hama et Anchawadi entre Touaregs imghad (généralement loyalistes maliens) et Peuls (en partie proches du MUJAO).

Le nord du Mali est également un important lieu de transit du trafic de drogue, dans lequel sont impliqués de nombreux membres des divers groupes armés.

Des affrontements ont parfois lieu entre ces groupes pour le contrôle de certains axes de circulation.

Conséquences de la guerre civile libyenne

Dans les mois suivant la guerre civile libyenne, le Niger et le Mali voient revenir 2 000 à 4 000 soldats touaregs ayant servi dans l'armée de Khaddafi.

Certains rejoignent l'armée malienne mais d'autres contribuent à la formation du MNLA.

Forces en présence lors du conflit

Le Mouvement national de libération de l'Azawad (MNLA) est le premier groupe armé indépendantiste créé peu avant le début du conflit.

Il se forme le 16 octobre 2011 par la fusion du Mouvement national de l'Azawad (MNA) et de l'Alliance Touareg Niger-Mali (ATNM).

Des soldats touaregs, déserteurs de l'armée libyenne, rejoignent le mouvement après la chute de Kadhafi.

L'objectif du MNLA est la création d'un état indépendant au nord du Mali, appelé l'Azawad, qui correspond à trois régions administratives maliennes, celles de Tombouctou, de Gao et de Kidal.

Le MNLA a installé son quartier général dans les collines autour de Zakake, au nord de Kidal.

En janvier 2012, il revendique un millier d'hommes dont 400 anciens soldats de Kadhafi et six mois plus tard, il revendique 10 000 combattants.

Le secrétaire-général du mouvement est Bilal Ag Cherif et Mohamed Ag Najem est le chef de la branche militaire.

La majorité des combattants du groupe sont des Touaregs issus de la tribu des Idnanes, des Chamanamasses et d'une partie des Ifoghas.

En janvier 2013, à la suite de l'opération Serval, un groupe de transfuges d'Ansar Dine fonde le Mouvement islamique de l'Azawad (MIA).

Il se démarque des djihadistes et se rapproche du MNLA. Le 19 mai, le mouvement est dissous et rallie le Haut Conseil pour l'unité de l'Azawad (HCUA), fondé par Mohamed Ag Intalla.

Alghabasse Ag Intalla devient par la suite secrétaire-général du mouvement et Cheikh Ag Aoussa, le chef de la branche militaire.

La majorité des combattants du HCUA sont issus de la tribu touarègue des Ifoghas.

Le 1er avril 2012, des combattants arabes forment le Front de libération nationale de l'Azawad (FNLA), qui change de nom quelques mois plus tard et devient le Mouvement arabe de l'Azawad (MAA).

Initialement lié au MNLA, des affrontements opposent cependant les deux groupes au début de l'année 2013. Ils se réconcilient en mai au moment de l'accord de Ouagadougou, mais à l'été 2014, le MAA se sépare en deux tendances, l'une proche des rebelles et l'autre loyaliste, qui se rapproche du gouvernement malien.

À l'été 2014, le MNLA, le HCUA et le MAA rebelle forment une alliance baptisée la

Coordination des mouvements de l'Azawad (CMA).

Les djihadistes

Plusieurs groupes armés jihadistes sont actifs pendant la guerre du Mali : Ansar Dine, AQMI, le MUJAO.

Le nombre total des djihadistes est estimé à 6 500 hommes par l'Union africaine et environ 3 000 par l'état-major de l'armée française. Leur objectif est d'établir un État islamique au Mali régi par la charia.

Ansar Dine est créé par Iyad ag Ghali, une ancienne figure des rébellions touarègues maliennes des années 1990.

Abou Mohamed, dit « Cheikh Aoussa » et Haroune Ag Saïd dit « Abou Jamal », sont considérés comme faisant partie de ses plus proches lieutenants. Alghabasse Ag Intalla, fils de l'amenokal des Ifoghas, est le principal responsable diplomatique d'Ansar Dine.

Celui-ci rompt cependant avec Ansar Dine, en janvier 2013 pour fonder le MIA.

Le principal porte-parole du mouvement est Senda Ould Boumama.

Les forces d'AQMI au Sahara sont initialement dirigées par Nabil Abou Alqama, émir d'AQMI pour le Sahara et le Sahel, cependant ce dernier trouve la mort le 9 septembre 2012 dans un accident de voiture dans la région de Gao au Mali.

Djamel Okacha, dit Yahia Abou el Houmâm lui succède. Celui-ci dispose sous ses ordres environ 1 000 hommes répartis dans quatre à cinq brigades : la katiba Al Ansar, commandée par Hamada Ag Hama ; la katiba Tarik Ibn Ziyad, commandée par Abou Zeid ; la katiba Al Fourghan, commandée initialement par Djamel Okacha, puis par Mohamed Lemine Ould El-Hassen ; la katiba Al-Mouthalimin, commandée par Mokhtar Belmokhtar, qui rompt cependant avec AQMI en décembre 2012 pour former le mouvement indépendant des Signataires par le sang ; et la katiba Youssef Ibn Tachfin, créée plus tardivement en novembre 2012, commandée par Sedane Ag Hita, dit « Abou Abdel Hakim al-Kidali ».

Le haut commandement du MUJAO n'est pas connu avec précision, le fondateur et chef du mouvement est Hamada Ould Mohamed Kheirou, son porte-parole est Adnane Abou Walid Al-Sahraoui et Abdel Hakim est présenté comme le chef du MUJAO à Gao.

Le mouvement compte de son côté environ 500 à 1 000 combattants répartis dans quatre brigades : la katiba Oussama ben Laden, commandée par Ahmed al-Tilemsi ; la katiba Ousmane Dan Fodio, commandée par Bilal Hicham, puis remplacé par un Béninois nommé Abdoullah ; la katiba Salah Dine, commandée par Sultan Ould Bady ; et la katiba Ansar Suna, créée vers fin décembre 2012.

Le mouvement nigérian Boko Haram est également présent à Gao avec 100 à 200 combattants.

Par ailleurs des soldats du Front Polisario sont venus servir parmi les jihadistes en tant que mercenaires.

Leurs forces sont estimées être de 300 à 700 hommes.

Le 22 août 2013, le MUJAO et les Signataires par le sang annoncent leur fusion en un seul mouvement qui prend le nom d'Al-Mourabitoune.

Forces armées maliennes

L'armée malienne a installé son quartier général à Gao. Le général Poudiougou, chef d'État-major général des armées, installé à Bamako coordonne la lutte contre la rébellion.

Fidèle du président Amadou Toumani Touré, il connaissait bien la région de Kidal pour y avoir été en poste.

Les généraux Kalifa Keïta, chef d'état-major de l'armée de terre, et Wali Sissoko, adjoint au chef d'état-major de l'armée de l'air sont sur place à Gao, ainsi que les colonels-majors Didier Dacko, El Hadj Ag Gamou, Touareg de la tribu Imghad qui a été commandant de la région militaire de Gao et Mohamed Ould Meidou, Maure, ancien commandant de la région militaire de Mopti.

Un millier d'hommes déployés fin décembre sont sous leurs ordres.

Ils ont le soutien de milices arabes et touarègues ralliées aux autorités maliennes. L'armée est équipée de 4×4, de blindés de reconnaissance de type BRDM, de véhicules de transport de troupes de fabrication sud-africaine (RG-31 Nyala) et de blindés légers ainsi que de deux hélicoptères de combat Mil Mi-24, entretenus et pilotés, pour certains, par des Ukrainiens, et d'avions de reconnaissance.

Les États-Unis fournissent un léger soutien logistique aux forces armées et à la population civile.

Certains militaires maliens touaregs ont déserté et ont rejoint le MNLA, comme le lieutenant-colonel Mbarek Ag Akly, le colonel Iba Ag Moussa ou le colonel Hassan Ag Mehdi, haut fonctionnaire au ministère malien de la Défense.

Au début de l'année 2012, les effectifs de l'armée malienne, en incluant les paramilitaires et les milices d'auto-défense, sont d'environ 22 000 à 26 000 hommes.

Au début du conflit l'armée de terre compte 7 000 à 7 800 hommes. Concernant les chars et les blindés, l'armée stocke bon nombre de vieux véhicules inutilisables et hors de service comme des BTR-40 et des BTR-152.

Elle possède 14 chars,18 camions Lance-roquettes multiples, 800 à 1 000 pick-up, dont 192 avec mitrailleuses, 140 camions militaires pour le transport des troupes.

Pour les pièces d'artillerie, elle compte 8 canons tractés de 122 mm, 60 canons-mitrailleurs bitubes 23 mm sur camionnettes et 92 mortiers.

Plusieurs des blindés BRDM-2 et BTR-60 et 11 chars PT-76 sont capturés par la rébellion en 2012.

L'armée de l'air est forte de 1 000 hommes, en comptant les pilotes, les techniciens, le personnel administratif, une ou deux compagnies de fusiliers commandos de l'air et le groupe de défense aérienne.

Sa force principale est ses quatre hélicoptères Mi-24, cependant l'un d'eux sert de stock pour pièces de rechanges.

Un autre hélicoptère est capturé par les rebelles à Gao en avril 2012.

Fin 2012, seul deux des quatre hélicoptères Mi-24 sont utilisables mais sans pilote depuis le départ des Ukrainiens qui les pilotaient, dans le contexte du coup d'État du 22 mars 2012.

Pour l'aviation, le Mali possède trois chasseurs MiG-21, deux avions SIAI Marchetti offerts par la Libye en 2010, mais aucun n'est opérationne.

L'armée de l'air a également 11 avions légers Tetras, un avion léger Cessna 185 et un avion de transport Basler.

Le Mali dispose également d'environ 13 500 à 14 600 paramilitaires, dont 3 500 à 4 600 gendarmes, 3 000 gardes nationaux et 7 000 policiers.

Des groupes d'auto-défense avaient également été constitués avant le conflit.

Trois ans plus tard, au 1er janvier 2015, l'armée de terre malienne compte entre 8 000 et 8 200 soldats dont 3 400 ont suivi le programme de la Mission de formation de l'Union européenne au Mali.

Les autorités maliennes cherchent alors à moderniser l'armée et débloquent 1 230 milliards de francs CFA pour la période 2015-2019.

Début 2016, l'armée malienne compte désormais 13 000 soldats.

Forces internationales

La France intervient militairement au Mali à partir de janvier 2013, ses objectifs sont de sécuriser les 6 000 ressortissants français au Mali et de protéger les exploitations françaises des mines d'uranium, à Arlit au Niger.

Du 11 janvier 2013 au 1er août 2014, la France intervient, dans le cadre de l'opération Serval, sous mandat de l'ONU (résolution 2085 de l'ONU).

L'armée française engage 1 448 véhicules, dont plus de 450 blindés. Pour les aéronefs, l'armée déploie 6 hélicoptères Gazelle, 6 hélicoptères Puma, 4 hélicoptères Tigre et 1 Pilatus.

Une force tchadienne prépositionnée au Niger, qui compte 550 hommes le 24 janvier, intervient au Mali en ouvrant une route par l'Est vers Gao.

Elle a pour commandant en chef le général Oumar Bikimo, basé à Bamako, où il assure la coordination avec la MISMA.

Elle se compose de l'unité antiterroriste commandée par le général Abdérahmane Youssouf Meïry de la direction générale des services de sécurités.

Cette force, commandée par le général Oumar Bikimo, est nommée forces armées tchadiennes d'intervention au Mali (FATIM).

Les forces militaires occupant Kidal le 30 janvier 2013 sont composées, outre des forces françaises, de 1 800 soldats tchadiens, soit la quasi intégralité du contingent fourni par N'Djamena.

Partis de Kidal le 7 février 2013, ces derniers renforcent le dispositif français à la suite de la prise de Tessalit et participent aux opérations françaises dans le nord-est du Mali, à proximité de l'Adrar des Ifoghas.

Le 9 mars 2013, ce contingent intègre la MISMA et obtient une de ses deux vice-présidences.

La Force internationale africaine de l'Union africaine et de la CEDEAO, dans le cadre de la Mission internationale de soutien au Mali (MISMA), comprend des contigents du Sénégal, du Nigeria, du Niger, du Burkina Faso, du Togo et du Bénin.

Le Royaume-Uni a annoncé l'envoi de 240 soldats pour former l'armée malienne et aider les troupes françaises.

Fin janvier 2013, la Communauté économique des États de l'Afrique de l'Ouest (CEDEAO) décide d'engager plus de 4 000 hommes dans le cadre de la Résolution 2085 du Conseil de sécurité des Nations unies du 20 décembre 2012 pour la création de la Mission internationale de soutien au Mali sous conduite africaine (MISMA) : avec notamment 1 200 hommes pour le Nigeria, 650 pour le Bénin, 500 pour le

Sénégal, le Niger, le Togo, le Burkina Faso, 144 pour la Guinée, 120 pour le Ghana, une section pour le Liberia et une compagnie de maintenance pour la Sierra Leone.

Au 29 janvier 2013, les contingents africains atteignent l'effectif de 2 900 hommes déployés au Mali avec notamment plus de 500 Nigériens, près de 400 Togolais, près de 200 Nigérians, plus de 150 Burkinabés, une centaine de Béninois et une cinquantaine de Sénégalais.

Le 10 mars 2013, avec l'intégration du contingent tchadien de 2 000 hommes, les effectifs sur place montent à 6 300 hommes.

Depuis le 1er juillet 2013, la Mission internationale de soutien au Mali sous conduite africaine est devenue une force de maintien de la paix des Nations unies sous le nom de Mission multidimensionnelle intégrée des Nations unies pour la stabilisation au Mali.

En septembre 2013, la Mission engage 6 010 personnels (5 201 militaires et 809 policiers) provenant de trente pays. Son budget approuvé, sur la période du 1er juillet au 31 décembre 2013, est de 367 millions de dollars américains.

Une mission de formation de l'Union européenne au Mali a été lancée en décembre 2012 pour former les militaires maliens. Cette mission est commandée par un général français.

Plusieurs pays ont confirmé leur soutien logistique, d'informations, médical et/ou humanitaire.

Parmi ceux-ci, les États-Unis ont annoncé qu'ils partageraient leurs informations et participeront aux ravitaillements aériens des appareils français.

L'Allemagne a confirmé son soutien logistique et médical.

La Belgique a annoncé la mise à disposition de deux avions de transport C-130 Hercules et deux hélicoptères médicalisés.

Le Canada a annoncé l'envoi d'un avion de transport C-17 et le Danemark l'envoi d'un avion C-130.

D'autres pays fournissent une aide logistique, comme la Côte d'Ivoire, le Maroc, la Turquie, l'Espagne et la Russie.

Le Conseil de sécurité de l'ONU et Ban Ki-moon, secrétaire général de l'ONU, ont également soutenu le Mali.

Déroulement du conflit

L'attaque de Ménaka le 17 janvier 2012 marque le début du conflit au Mali.

Des combattants du MNLA s'emparent de la ville et de la caserne de l'armée malienne, puis attaquent le camp de la garde nationale.

Le 18 janvier, les forces du MNLA, d'Ansar Dine et d'AQMI attaquent simultanément les villes de Tessalit et Aguel'hoc. Tessalit est rapidement conquise et sa population évacuée, en revanche les djihadistes et les rebelles se heurtent aux 800 soldats retranchés dans le camp militaire d'Amachach, situé près de l'aéroport à une quinzaine de kilomètres de la ville.

De son côté Aguel'hoc, défendue par une garnison de 200 soldats, tient six jours.

Le 19 janvier, le colonel Mohammed Ould Meydou sort de Gao avec une colonne de militaires maliens et de miliciens arabes pour tenter de secourir les assiégés.

Mais le 20 janvier, les Maliens tombent dans une embuscade au sud d'Aguel'hoc, près de l'oued d'In Emsal, ils battent en retraite après avoir perdu environ 10 hommes d'après le gouvernement.

Le 24 janvier, à court de munitions, les défenseurs d'Aguel'hoc se rendent mais ils sont presque tous exécutés, égorgés ou tués d'une balle à la tête.

Le 25 janvier, le colonel Ag Gamou arrive depuis Kidal avec plusieurs centaines d'hommes soutenus par des hélicoptères, les djihadistes et les rebelles préfèrent se retirer et les Maliens reprennent provisoirement le contrôle de la ville.

Le 26 janvier, le MNLA s'empare de la commune d'Andéramboukane, située sur la frontière nigérienne et défendue par une quarantaine de soldats maliens qui sont pour la plupart faits prisonniers.

Le même jour, près de la frontière mauritanienne, Léré est également prise sans combat par le MNLA, qui le 31 janvier, attaque Niafunké, mais cette fois les Maliens repoussent les assaillants.

Le 4 février, le gouvernement malien et l'Alliance démocratique du 23 mai pour le changement, lancent depuis Alger un appel urgent au cessez-le-feu.

L'offre est rejetée par Bilal Ag Acherif, le secrétaire général du MNLA.

Le 7 février, les rebelles attaquent Tinzawatène et s'emparent le lendemain de la ville, abandonnée par les soldats maliens qui s'enfuient en Algérie.

La prise de la localité est revendiquée tant par Ansar Dine que par le MNLA.

Le 12 février, l'armée malienne reprend sans combattre le contrôle de Léré, mais quatre jours plus tard, les rebelles du MNLA reprennent à leur tour la ville et l'armée malienne se replie en direction de Nampala.

En février, les forces du MNLA mènent également quelques raids au sud du Mali. Le 18, des combattants du mouvement indépendantiste pillent la gendarmerie de Hombori et sabotant le réseau téléphonique à Youwarou1.

Le 24 février, le MNLA attaque le camp militaire de Goumakoura, près de Ségou. La victoire est revendiquée par les deux camps mais les Maliens conservent leurs positions.

Cependant les principaux combats de février et mars ont lieu dans les environs de Tessalit.

Le 10 février, un convoi militaire commandé par le colonel Ag Gamou sort de Kidal et se porte sur

Tessalit pour tenter de briser le siège du camp militaire d'Amachach.

En chemin, le 11 février, les Maliens se heurtent aux forces rebelles à Tinsalane. Une fois encore les bilans sont contradictoires et la victoire est revendiquée par les deux camps.

Cependant l'armée malienne parvient à atteindre la périphérie de Tessalit et le 14 février, elle affirme être entrée dans la ville et avoir ravitaillé le camp d'Amachach, ce que les rebelles démentent.

Du 28 février au 4 mars, les combats se poursuivent près de Tessalit mais les Maliens ne parviennent par à déloger les rebelles de la zone.

Finalement, le 11 mars, le camp d'Amachach est abandonné aux rebelles après près de deux mois de siège.

Les 800 soldats de la garnison malienne se replient sur Gao. Les hommes d'Ansar Dine s'emparent d'armes, de munitions, de blindés et capturent une soixantaine de militaires maliens.

Par la suite, des escarmouches ont lieu près de la frontière burkinabè. Le 15 et le 25 mars, deux combats opposent le MNLA et la milice loyaliste de Ganda Izo à Soudere, près de Tessit, puis à Tin-Hama.

Le 22 mars, le MNLA prend possession du camp militaire d'Anéfis, abandonné par l'armée malienne qui s'est retirée à Gao et le 25, le colonel de l'armée malienne Malick Ag Acherif et trente de ses hommes désertent pour rejoindre le MNLA.

Prise de Kidal, Gao et Tombouctou par les rebelles et les djihadistes

Le 26 mars, les rebelles d'Ansar Dine et du MNLA menés par Iyad Ag Ghali attaquent Kidal tenue par les forces du colonel Gamou.

Le 30 mars, ce dernier abandonne la ville qui est conquise par les rebelles. Encerclé au cours de sa retraite par les hommes du MNLA, Gamou ruse en faisant croire qu'il se rallie au mouvement indépendantiste, puis il se réfugie au Niger avec ses 500 hommes.

Sans rencontrer de résistance, les groupes rebelles et djihadistes s'emparent de Gao le 31 mars, puis de Tombouctou le 1er avril.

Le MNLA fait de Gao sa capitale et occupe les bâtiments officiels et l'aéroport, mais le reste de la ville passe sous le contrôle du MUJAO et de la katiba de Belmokhtar.

À Tombouctou, les rebelles touaregs et arabes du MNLA et du FLNA sont les premiers à occuper la ville, mais dés le lendemain les djihadistes d'Ansar Dine et d'AQMI menés directement par Iyad Ag Ghali, Djamel Okacha, Abou Zeïd et Mokhtar Belmokhtar arrivent en force dans la cité.

Iyad Ag Ghali prend le contrôle de la ville et expulse les rebelles touaregs et arabes, il réprime les pillages, distribue des vivres et fait aussitôt appliquer la charia.

Le 4 avril, le MNLA annonce mettre fin unilatéralement aux opérations militaires à compter du 5 avril et le 6, il proclame l'indépendant de l'Azawad.

Véritables maîtres du nord du Mali, les djihadistes mettent en place l'application de la charia.

La vente et la consommation d'alcool, de cigarettes ou de drogues est interdite, de même que la musique.

Le port du voile islamique est rendu obligatoire pour les femmes et des tribunaux islamiques sont instaurés.

Les peines prévues sont le fouet en cas de consommation d'alcool ou de relations sexuelles hors mariage, l'amputation d'une main ou d'une jambe en cas de vol et la lapidation en cas d'adultère.

Les chrétiens ne font pas l'objet de menaces directes, cependant trois églises, une station de radio chrétienne et une école biblique sont pillées à Tombouctou et Gao au moment de la prise de ces deux villes.

Le 28 juin 2012, l'UNESCO classe Tombouctou sur la liste du patrimoine mondial en péril à la demande du gouvernement malien.

Visiblement en représailles contre cette décision, au moins une trentaine de membres armés d'Ansar Dine et d'AQMI commencent le 30 juin à détruire trois mausolées qu'ils jugent impies, devant une population non armée déconcertée.

Le 1er juillet, sept des seize mausolées érigés pour certains saints que compte la ville sont déjà détruits.

La procureure de la Cour pénale internationale, Fatou Bensouda qualifie les faits de crime de guerre.

Conflit entre les djihadistes et le MNLA

Le 24 mai 2012, des rencontres sont organisées à Tombouctou entre les principaux responsables d'Ansar Dine et d'AQMI.

Depuis les montagnes de Kabylie, Abdelmalek Droukdel, le chef d'AQMI conseille à ses combattants, dans un message rendu public, d'imposer « graduellement » la charia pour y « réussir la création d'un État islamique ».

Le 27 mai, Ansar Dine et le MNLA annoncent leur fusion dans un « protocole d'accord » signé la veille. Celui-ci indique que « le mouvement Ansar Dine et le MNLA proclament leur auto-dissolution dans l'Azawad. Les deux mouvements créent le Conseil transitoire de l'État islamique de l'Azawad ».

Mais 24 heures après sa signature, l'accord est rompu par les cadres du MNLA.

Le premier incident entre Ansar Dine et le MNLA a lieu dans la nuit du 7 au 8 juin, à quelques kilomètres de Kidal, lorsque des combattants de deux véhicules se fusillent, faisant au moins trois blessés graves. Puis le 13 juin, une querelle éclate entre des hommes du MNLA et d'Ansar Dine à un poste de contrôle de Tombouctou, elle dégénère en fusillade et fait au moins deux morts et plusieurs blessés.

La situation bascule le 25 juin 2012 à Gao, lorsqu'un élu local et enseignant de la ville est abattu à bout portant par des inconnus à moto.

Le lendemain, des centaines de personnes, excédées, manifestent en ville.

La colère de la population de Gao, majoritairement hostile à l'indépendance du nord du pays, accablée par les privations régulières d'eau et d'électricité et par l'insécurité, se tourne aussitôt contre le MNLA.

Un combattant touaregs ouvre le feu pour disperser les émeutiers, faisant un mort et plusieurs blessés.

Le 27 juin, les forces du MUJAO et d'AQMI menées par Mokhtar Belmokhtar attaquent les positions du MNLA à Gao.

Au cours d'une violente bataille qui fait des dizaines de morts, les islamistes prennent d'assaut le gouvernorat et chassent les rebelles touaregs de la ville.

Bilal Ag Acherif, le secrétaire-général du MNLA, est blessé au cours de la retraite.

Le 28 juin, alors que les combats se poursuivent près de l'aéroport, Iyad Ag Ghali arrive à la tête de soixante véhicules.

Le 30 juin, il rencontre les chefs du MNLA et parvient à conclure un cessez-le-feu. Le MNLA abandonne ses positions à Tombouctou le 29 juin et se retire également de Gao.

Douentza est également abandonnée par le MNLA et brièvement occupée par les miliciens de Ganda Izo.

Mais le 1er septembre les hommes du MUJAO menés par Omar Ould Hamaha viennent occuper la ville. Les miliciens n'opposent aucune résistance et sont désarmés.

Les affrontements reprennent le 16 novembre 2012, lorsque le MNLA, basé à Ménaka, lance une offensive sur Ansongo tenue par le MUJAO.

Les rebelles touaregs remportent d'abord un succès lors d'une embuscade à Tagarangabotte, mais le MUJAO contre-attaque et reçoit le renfort de la katiba de Mokhtar Belmokhtar.

Le MNLA cède du terrain et le 19 novembre, la ville de Ménaka est prise par les djihadistes au terme de combats ayant fait plusieurs dizaines ou plusieurs centaines de morts.

Offensive des djihadistes au sud du Mali et intervention militaire internationale

Le 3 janvier 2013, un communiqué d'Ansar Dine signé par Iyad Ag Ghali annonce la rupture des négociations et déclare suspendre son offre de cessation des hostilités.

Depuis le 2 janvier, venus des régions de Gao et de Tombouctou, les djihadistes d'Ansar Dine, du MUJAO, d'AQMI et de Boko Haram se rassemblent à Bambara Maoudé.

Le 7, ils dépassent Douentza, le 9 ils franchissent la ligne de démarcation à Dangol-Boré et engagent le combat avec l'armée malienne dans les envions de Konna.

Le 10 janvier, les djihadistes prennent l'avantage sur les soldats maliens qui se replient sur Sévaré, la ville de Konna est prise.

Les djihadistes, forts d'environ 1 200 hommes, menacent alors Mopti et Sévaré, dernier verrou avant la capitale, Bamako.

Le président malien par intérim, Dioncounda Traoré, appelle alors le président français, François Hollande, et lui demande une aide immédiate.

Le président français décide dès le 11 janvier dans l'après-midi d'engager l'armée française : c'est le début de l'opération Serval.

De l'aide logistique venant de plusieurs nations arrivent au fil des jours pour appuyer cette mission avec le déploiement de la mission internationale de soutien au Mali sous conduite africaine.

Dès le premier jour de l'opération, des commandos des forces spéciales transportés par avions sont déposés à Sévaré tandis que quatre hélicoptères français Gazelle du 4e régiment d'hélicoptères des forces spéciales sont engagés au combat.

Les djihadistes se replient sur Konna après avoir perdu quatre véhicules, un pilote français est cependant mortellement touché.

Puis, dans la nuit du 11 au 12, les Mirages basés à N'Djamena bombardent les jihadistes entre Konna et Léré.

Les moyens aériens français poursuivent leurs frappes dans les environs de Konna, Léré et Douentza.

Des Rafale venus de France bombardent plusieurs camps islamistes à Gao, où plus d'une soixantaine de rebelles islamistes sont tués.

Le 13 janvier, les djihadistes commencent à abandonner Konna, leurs derniers combattants quittent la ville le 18 janvier.

Le lendemain les soldats maliens et des Français des forces spéciales reprennent possession de la ville sous les acclamations de la population.

Les combats à Konna ont fait une centaine de morts chez les djihadistes, une douzaine de victimes civiles et officiellement onze tués du côté des militaires maliens.

Cependant plus à l'ouest, le 14 janvier, une autre colonne islamiste contourne les lignes maliennes en passant par la Mauritanie et prend d'assaut la ville de Diabaly, à 400 km de Bamako.

La riposte est rapide, quelques heures après la prise de la ville, les djihadistes subissent les frappes de l'aviation française.

Pendant trois jours, leurs positions sont bombardées par des avions Rafale et Mirage et des hélicoptères Tigre et Gazelle.

Au sol, les forces maliennes se sont repliées à Markala, près de Ségou. Le 15 janvier, un premier sous-groupement tactique interarmes motorisé français de 180 hommes et 18 chars et blindés quittent Bamako pour Markala.

Impuissants contre les frappes aériennes, les islamistes abandonnent Diabaly le 17 janvier et se replient sur Sokolo. Ils laissent derrière eux une cinquantaine de morts et plusieurs dizaines de leurs véhicules ont été détruits.

Après quelques missions de reconnaissance, les forces franco-maliennes se mettent en mouvement.

Dans la nuit du 19 au 20, une colonne de 30 blindés avec 200 soldats maliens et français quitte Markala et entre dans Niono.

Le 21, les militaires reprennent Diabaly sans rencontrer de résistance. Douentza est également reconquise le même jour. Partout, les soldats maliens et français sont acclamés par la population.

Progressivement, les forces militaires se déploient au Mali. Du côté des Français, si les forces spéciales sont engagées très rapidement sur le front, les soldats de la brigade Serval se rassemblent à Bamako transportés par avions depuis la France ou bien venus par la route depuis la Côte d'Ivoire.

Le 15 janvier, 800 soldats français sont déployés au Mali, ils sont 1 400 le 17, 2 000 le 19, 3 500 le 30 et en début février ils sont près de 4 000.

Le déploiement de la MISMA et de l'armée tchadienne se met également en place.

Les forces africaines décident d'engager 7 700 hommes, ses premiers contingents arrivent au Mali le 17 janvier.

Le 24 janvier 1 900 soldats sont déployés, mi-février 1 800 Tchadiens et 2 300 hommes de la MISMA sont au Mali, début mars, les forces africaines sont près de 6 000 soldats, dont 2 400 Tchadiens.

L'offensive jihadiste sur Mopti ayant été repoussée, l'état-major-français pense attendre l'arrivée des renforts et de toute la logistique avant de poursuivre vers le nord. Mais François Hollande, obsédé par le risque d'enlisement, ordonne que Tombouctou et Gao soient reprises avant fin janvier.

Les forces franco-maliennes poursuivent donc l'offensive, deux colonnes font mouvement sur Tombouctou et Gao.

Le 25 janvier Hombori est reprise.

Dans la nuit du 25 au 26, les forces spéciales prennent le pont de Wabaria aux jihadistes du MUJAO, puis les Français s'emparent de l'aéroport de Gao sans rencontrer de résistance.

Les islamistes prennent la fuite poursuivis par des hélicoptères qui leurs tuent quelques hommes. Environ 25 au total sont tués dans les combats près de Gao.

À l'extrême est, le colonel Gamou franchit la frontière nigérienne avec 500 soldats, 77 pick-up et 8 blindés. Il prend Ménaka sans combat le 15 janvier, puis il poursuit sur Gao.

Plus à l'ouest, une autre colonne forte de plusieurs centaines de soldats maliens et de 600 Français de l'infanterie de marine quitte Diabaly avec pour objectif de prendre Tombouctou.

Le 25, elle réoccupe Léré.

Dans la nuit du 27 au 28, des parachutistes de la Légion étrangère sautent au nord de Tombouctou.

Le 28 les forces franco-maliennes entrent dans la ville abandonnée par les djihadistes.

Quelques jours plus tard, le 2 février, accompagné du président malien par intérim Dioncounda Traoré, le président français François Hollande se rend à Tombouctou où il est accueilli en héros.

Le 28 janvier, les forces tchadiennes et nigériennes prennent le contrôle des villes d'Andéramboukane et Ménaka. Ansongo est reprise le 29 janvier par des troupes nigériennes et maliennes venues du Niger.

Les djihadistes d'AQMI et d'Ansar Dine reculent sans opposer de résistance et se réfugient dans l'Adrar des Ifoghas.

Le 27 janvier, l'aviation française bombarde des positions stratégiques islamistes sur Kidal et sa région, dans l'extrême Nord-Est du Mali. De son côté, le MNLA se met également en mouvement et profite de la déroute des islamistes pour prendre le contrôle de plusieurs villes du Nord.

Le 28 janvier, le mouvement indépendantiste déclare avoir pris sans combat les villes de Tessalit, Tessit, In Khalil, Tinzawatène, Léré, Anéfif, Talataye et Kidal.

Il propose son alliance aux Français et aux Tchadiens, mais déclare qu'il s'opposera par les armes à la venue de l'armée malienne.

La progression se poursuit à l'extrême nord du Mali. Dans la nuit du 29 au 30 janvier, au cours d'une opération aéroportée, les forces spéciales françaises prennent position sur l'aérodrome de Kidal, situé au sud-est de la ville.

Les militaires prennent contact avec le MNLA.

Le 3 février, une petite colonne du MNLA accompagnée de forces spéciales françaises prend le contrôle de la ville d'Aguel'hoc.

Le même jour, l'armée tchadienne entre à Kidal.

Le 1er février, un hélicoptère Tigre de forces spéciales détruit trois pick-up et tue une douzaine de djihadistes près d'Anéfis.

Le 5 février, les troupes maliennes et françaises à Gao sont renforcées par les forces nigériennes de la MISMA venues de Ménaka.

Cependant une quarantaine de combattants du MNLA profitent du départ des Nigériens pour prendre le contrôle de la ville.

Enfin, dans la nuit du 7 au 8 février, les forces spéciales françaises s'emparent de l'aéroport de Tessalit.

Elles sont renforcées le lendemain par une cinquantaine de chasseurs parachutistes avec qui elles prennent le contrôle de la ville, là encore sans rencontrer de résistance.

Accord de Ouagadougou et déploiement de la MINUSMA

Malgré l'annonce de négociations les tensions restent très vives entre l'armée malienne et le MNLA basé à Kidal.

Des personnalités politiques et une partie de la population malienne reprochent à la France d'empêcher l'armée malienne d'attaquer les rebelles à Kidal.

Le 30 mai, 3 000 Maliens manifestent à Gao pour dénoncer l'attitude jugée trop conciliante de la France vis-à-vis du MNLA.

Afin de favoriser les pourparlers, des représentants touaregs menés par Mohamed Ag Intalla décident de rejeter la lutte armée et de former le Haut Conseil de l'Azawad (HCA), bientôt renommé Haut Conseil pour l'unité de l'Azawad (HCUA).

Mohamed Ag Intalla bénéficie rapidement du soutien de son père, l'Amenokal Intalla Ag Attaher, chef coutumier des touaregs Ifoghas qui quitte le MNLA pour rejoindre le HCUA, et de son frère, Alghabass Ag Intalla, qui le 19 mai, annonce la dissolution du MIA et son ralliement au HCUA.

Les négociations s'ouvrent en mai à Ouagadougou, sous la médiation de Blaise Compaoré, président du Burkina Faso. Fin mai, le MAA s'engage à son tour à prendre part aux pourparlers.

D'abord hostile à la tenue d'élections maliennes à Kidal, le MNLA accepte finalement de permettre la tenue de la présidentielle en juillet, cependant il refuse de laisser entrer l'armée malienne et propose que la sécurité des élections soit assurée par les troupes de l'ONU aussi bien à Kidal que dans l'ensemble de l'Azawad.

Cette proposition est rejetée par le gouvernement malien qui exige la présence de l'armée à Kidal.

Cependant le 2 juin, la situation s'aggrave à Kidal où le MNLA arrête 180 personnes, une trentaine est relâchée le lendemain mais environ 10 ou 20 prisonniers, accusés d'être des espions et des militaires maliens infiltrés sont maintenus en prison.

De son côté, le gouvernement malien accuse le MNLA d'avoir commis des pillages contre les populations noires ; Songhaï, Peuls et Bellas.

Selon des témoins, plus habitants noirs sont contraints de prêter allégeance au MNLA sous peine d'être chassés de Kidal et évacué vers Gao.

Le lendemain, le MNLA déclare que les personnes interpellées qui ne sont pas originaires de l'Azawad vont être expulsées et reconduites jusqu'à Douentza.

Le 4 juin, l'armée malienne se met en mouvement et s'empare d'Anéfis après un combat contre le MNLA.

La France intervient après le combat, elle envoie une centaine d'hommes à Anéfis et freine l'offensive malienne sur Kidal.

Le 18 juin, après deux semaines de négociations, le gouvernement de transition malien et les rebelles du MNLA et du HCUA (Haut conseil pour l'unité de l'Azawad) signent un accord de cessez-le-feu qui doit permettre la tenue de l'élection présidentielle le 28 juillet.

Afin d'éviter tout débordement entre les soldats maliens et les rebelles, des forces de l'ONU et de la MISMA sont également déployées à Kidal, ainsi le 4 juillet, une trentaine de véhicules guinéens gagne la ville.

Le 5 juillet, conformément aux accords signés, les forces du MNLA et du HCUA commencent leur retrait sur trois cantonnements, dont deux situés à Kidal, le troisième en périphérie.

Le lendemain, 150 soldats maliens font leur entrée dans Kidal. La réaction de la population n'est pas unanime, des échauffourées opposent manifestants pro-Mali et manifestants pro-Azawad, elles font plusieurs blessés.

Le 18 juillet, de nouvelles émeutes éclatent entre des pro-Mali, en majorité des Songhaï et des pro-

Azawad, majoritairement touaregs, elles font 1 mort et 7 blessés.

Le 31 juillet, un militaire français du 515e régiment du train est tué et un autre est blessé dans un accident de la route près de Douentza.

Les deux tours de l'élection présidentielle se déroulent sans incidents le 28 juillet et le 11 août.

Ibrahim Boubacar Keïta est élu président avec 77,61 % des voix, contre 22,4 % pour Soumaïla Cissé, avec une participation de 48,98 % au premier tour et de 45,78 % au deuxième.

Lors des négociations de Ouagadougou, les différents mouvements rebelles autonomistes parviennent à se réconcilier. Le 8 août, le MNLA, le HCUA et le MAA publient une déclaration commune où ils réclament l'autonomie des peuples de l'Azawad.

Le 22 août 2013, le MUJAO et les Signataires par le sang annoncent leur fusion en un seul mouvement. Celui-ci prend le nom d'Al-Mourabitoune (Les Almoravides).

Le 19 septembre, au Stade du 26 mars à Bamako, une cérémonie est organisée pour marquer le début du mandat d'Ibrahim Boubacar Keïta et la victoire sur les forces jihadistes.

Plusieurs chefs d'états sont invités, dont le président français François Hollande, le président tchadien Idriss Déby, le roi du Maroc Mohammed VI et le président ivoirien Alassane Ouattara, également président de la Cédéao.

Fin de l'opération Serval et début de l'opération Barkhane

Le soir du 9 juin, un Mirage de l'armée française de retour d'une mission au Mali s'écrase accidentellement au Niger à cause d'un problème technique alors qu'il regagnait sa base à Niamey.

Les deux pilotes parviennent cependant à s'éjecter.

Le 11 juin, quatre militaires tchadiens de l'ONU sont tués lors par un attentat à la voiture piégée à Aguel'hoc.

Le 13 juillet 2014, le ministre français de la Défense Jean-Yves Le Drian annonce la fin de l'opération Serval et la mise en place dans les jours suivants de l'opération Barkhane.

Celle-ci prévoit le déploiement de 3 000 soldats dans l'ensemble du Sahel et du Sahara afin de mener des opérations contre-terrorisme.

Le 1er août 2014, la France lance l'Opération Barkhane qui n'est plus basée au Mali mais qui vise à lutter contre les groupes armés djihadistes salafistes dans toute la région du Sahel.

Renouvellement du mandat de la MINUSMA

Le 25 juin 2014, le Conseil de sécurité des Nations unies prolonge jusqu'au 30 juin 2015, le mandat de la mission de l'ONU au Mali (Minusma) en lui assignant comme priorités de faciliter un règlement politique et d'étendre sa présence dans le nord du pays.

Le 30 juin, un véhicule de la MINUSMA saute sur une mine entre Goundam et Tombouctou. Sept casques bleus du contingent Burkinakè sont blessés, dont trois grièvement et un mortellement.

Le 16 août, à Ber, deux soldats burkinabè sont tués et quatre autres blessés par l'explosion d'un pick-up conduit par deux kamikazes.

Le 18 août, deux soldats maliens sont tués accidentellement à Tessalit par l'effondrement d'un mur.

Le 2 septembre, quatre soldats tchadiens sont tués et quinze blessés, dont six grièvement, par l'explosion d'une mine entre Aguel'hoc et Kidal.

D'autres attaques suivent ; le 14 septembre, un véhicule saute sur une mine près d'Aguel'hoc, un soldat tchadien est tué et quatre autres sont blessés.

Puis le 18 septembre, cinq soldats tchadiens sont tués et trois blessés entre Aguel'hoc et Tessalit par un engin explosif. Deux civils maliens sont également tués presque au même endroit la nuit du 18 au 19.

Le 3 octobre, deux djihadistes équipés de lance-roquettes, tendent une embuscade sur un convoi de la MINUSMA près d'Idelimane entre Ansongo et Ménaka. Neuf casques bleus nigériens sont tués dans l'attaque et deux véhicules sont détruits.

Le 7 octobre, des islamistes tirent quatre ou cinq roquettes sur le camp de la MINUSMA à Kidal, un casque bleu sénégalais est tué et un autre blessé.

Bilan humain

Le 26 février 2013, selon un premier bilan de la direction de l'information et des relations publiques de l'Armée malienne (DIRPA), 37 soldats maliens ont été tués et 138 blessés entre le 11 janvier et le 26 février 2013.

Dans un deuxième bilan publié le 27 mars 2013, la DIRPA déclare que 63 de ses soldats sont morts depuis le 11 janvier.

Le bilan de l'armée malienne étant aggravé par principalement par les décès de plusieurs blessés et par plusieurs accrochages. Le 5 avril, le bilan de la DIRPA passe à 66 tués et près de 200 blessés.

Le 6 mai 2013, la DIRPA affirme que 208 soldats maliens ont été tués depuis le 12 janvier 2012, dont 75 depuis le 11 janvier 2013.

Cependant d'après l'Association malienne des droits de l'Homme (AMDH), le massacre d'Aguel'hoc a causé à lui seul la mort de 153 militaires maliens, soit un nombre plus important que celui donné par la DIRPA pour toutes les pertes de l'année 2012.

Le bilan de l'AMDH est repris par Human Rights Watch.

Selon le Ministère de la Défense, plus de 140 soldats ont été tués et 374 blessés de mai 2014 à février 2016.

Le 20 et le 21 mars 2013, un bilan est effectué à la suite de la visite au Mali du général d'armée Bertrand Ract-Madoux, chef d'état-major de l'armée de Terre française (CEMAT).

La brigade Serval compte 4 morts et 199 blessés, dont 62 au combat, 111 par accident ou en dehors des actions de combat et 26 victimes de troubles d'ordre psychologique.

Début juillet 2013, le général Barrera déclare que les pertes françaises sont de 6 morts, dont 4 pour la brigade Serval, et environ 300 blessés, dont la moitié ont été évacués.

À la mi-avril 2013, les pertes de l'armée tchadiennes sont de 36 morts. Le 13 mai, les pertes de l'armée tchadienne sont officiellement de 38 tués et 84 blessés selon le gouvernement tchadien.

En octobre 2014, elles sont de 54 tués et 107 blessés. Trois autres soldats tchadiens sont tués entre octobre 2014 et mai 2015 selon la MINUSMA et cinq autres le 18 mai 2016.

Au 27 mars 2013, la DIRPA estime à environ 600 le nombre des rebelles salafistes tués en 2013. En juin 2013, les Français estiment que les pertes djihadistes sont de 600 à 700 morts.

Fin avril 2013, le nombre des prisonniers djihadistes ou suspects est de 340 selon la gendarmerie malienne.

Les armées de plusieurs autres pays, notamment celles engagées au sein de la MISMA, puis de la MINUSMA, déplorent également des pertes :

Bangladesh : au moins 1 mort ;

Burkina Faso : au moins 10 morts ;

Chine : au moins 1 mort ;

Guinée : au moins 9 morts ;

Niger : au moins 10 morts ;

Pays-Bas : au moins 4 morts ;

Sénégal : au moins 3 morts ;

Togo : au moins 8 morts.

La Mission multidimensionnelle intégrée des Nations Unies pour la stabilisation au Mali, intégrant les forces tchadiennes, expose le 10 janvier 2015, 43 soldats tués.

Selon la MINUSMA, 138 civils dont plus de la moitié sont des enfants ont été tués par les explosifs de guerre entre janvier 2012 et décembre 2015.

Selon Human Rights Watch, au moins 44 civils sont tués par des combattants des groupes armés islamistes pendant l'année 2015.

Le 18 avril 2012, l'OCHA estime qu'il y a eu plus de 268 000 déplacés à la suite de la crise au nord du Mali, dont plus de 161 000 réfugiés au Niger, au Burkina Faso, en Mauritanie et en Algérie.

Le 15 janvier 2013, l'ONU estime à près de 150 000 le nombre de Maliens réfugiés dans les pays voisins, et à 230 000 le nombre de personnes déplacées dans le pays.

On compte 54 100 réfugiés en Mauritanie, 50 000 au Niger, 38 800 au Burkina Faso, et 1 500 en Algérie.

Selon l'ONU, 480 000 déplacés rentrent chez eux entre janvier 2013 et janvier 2016, mais 200 000 demeurent encore dans les camps de réfugiés.

~ 428 ~

www.ingramcontent.com/pod-product-compliance
Lightning Source LLC
Chambersburg PA
CBHW050327230426
43663CB00010B/1764